insel taschenbuch 457

Urgroßmutters Kochbuch

HONESTE
PIE
SOBRIE
HIERONYMVS
PE
TRV
SCHLOSSERVS
I.V.D. CIV. FRF

Einen Eindruck davon, wie zur Goethe-Zeit gekocht wurde, gewinnt man, wenn man einen Blick in die Küche des Goethe-Hauses in Frankfurt am Main wirft. Sieht man die Fülle der uns heute fast fremden Gerätschaften, mit denen die Köchinnen damals umgingen, so erscheint uns unsere moderne Küche sehr arm. Noch interessanter freilich sind die Rezepte aus dieser Zeit. Eines der berühmtesten Kochbücher ist das der Frau Rath Schlosser, der Schwester Goethes. Die Gerichte von damals nachzukochen, wird nicht ganz einfach sein. Man kochte in jenen Zeiten für größere Gesellschaften, und die Zutaten für die herzhaften Gerichte waren sicher preiswerter als heutzutage.

Urgroßmutters Kochbuch

AUS DEM KOCHBUCH DER
FRAU RATH SCHLOSSER

HERAUSGEGEBEN VON
ALEXANDER VON BERNUS

MIT EINEM NACHWORT
VON ELMAR MITTLER
UND ALTEN ILLUSTRATIONEN

Insel

insel taschenbuch 457
Erste Auflage 1980

Vertrieb durch den Suhrkamp Taschenbuch Verlag
Umschlag nach Entwürfen von Willy Fleckhaus
Satz: Fotosatz Weihrauch, Würzburg
Druck: Ebner Ulm
Printed in Germany

Urgroßmutters Kochbuch

Vorbemerkungen

(Nicht überspringen, sondern vorher lesen)

Das Kochbuch der Frau Rat Schlosser umfaßt in der Abschrift meiner Großmutter 289 eng beschriebene Groß-Oktavseiten; hieran schließen sich 54 Seiten: »Rezepte, welche nicht in die Küche gehören« an. Diese bestehen teils aus Anweisungen zu Schönheitsmitteln und teils aus alten Hausmitteln gegen allerhand Erkrankungen, darunter einige sogar sehr gute und bewährte. Ich habe früher viel grade in diesen »Hausmitteln« gelesen – und vielleicht war für mich diese Lektüre der erste unbewußte Anlaß, mich späterhin der Naturheilkunde wie überhaupt diesem ganzen Gebiete bis tief hinein in die okkulte Therapie des Mittelalters und im Verfolg davon der Alchymie und hermetischen Spagirik zuzuwenden. – Aber das ist ein völlig anderes Kapitel.
Bei dem großen Umfange des Kochbuches der Frau Rat Schlosser ist es natürlich ausgeschlossen, dieses ganz zu bringen, und wäre auch verfehlt und überflüssig, denn es enthält eine Unmenge derart komplizierter und fantastischer Rezepte, wie sie in unserer sehr viel anspruchsloseren und vor allem auch raschlebigeren Zeit nicht mehr am Platz sind.
Und da die Herausgabe dieses Kochbuches nicht einer

antiquierten Spielerei oder einer bibliophilen Kuriosität halber geschieht, sondern weil es im Gegenteil vor allem auch ein wirkliches Gebrauchsbuch sein will, nur in der ganzen Anlage nicht so verkalkt und trocken wie es Kochbücher im allgemeinen sind, sondern einladend und farbig, so konnte auf den Abdruck all derjenigen Rezepte ohne weiteres verzichtet werden, die für die heutige, auch anspruchsvolle Küche ohnehin nicht mehr in Frage kommen. Es wurde darum auch auf die möglichst weitgehende Vollständigkeit grade der einfacheren, zum Teil ganz ausgezeichneten Rezepte überwiegend Wert gelegt.
Um aber den Gesamteindruck des Kochbuches der Frau Rat Schlosser, wie überhaupt eines Kochbuches aus jener Zeit zu geben, ist in dem letzten Abschnitt: »Schlemmerspeisen« eine kleine Auswahl solcher unwahrscheinlichen Potagen, Fricassées, Pasteten und Ragouts getroffen. Vielleicht gibt es auch heute noch wirtschaftlich so potente und geheime Feinschmecker, daß sie das eine oder andere dieser Rezepte sich zunutze machen. In meiner Ära jedenfalls ist auf Stift Neuburg keine mehr von diesen Luxusspeisen auf den Tisch gekommen.
Nun einiges über die Gliederung und Einteilung des Buches, da es sich als untunlich erwies, wegen der zu geringen Übersichtlichkeit die Reihenfolge des Originals beizubehalten. Dieses ist zwar auch in Suppen, Vorspeisen, Fischgerichte, Fleischspeisen und so weiter aufgeteilt, aber die Folge der einzelnen Abteilungen in sich ist unentsprechend dadurch, daß die Rezepte, je nachdem sie aufgenommen wurden, einmal unter den Abschnitt »Schlemmerspeisen« und dann wieder unter den »Tagesspeisen« oder »Vorzugsspeisen« fallen. – Um der besseren Handhabung zuliebe Übersicht und Ordnung hier hineinzubringen, hat man sich für die vorliegende Anord-

nung entschieden, wobei auch die Rezepte der teilweise sehr guten vegetarischen Gerichte, die als solche damals nicht in Ansehen standen, sondern nur als Vorspeisen oder Beigaben geführt wurden, hier nun ihre eigene und anziehende Sparte haben. Sehr viele davon fanden sich unter den sogenannten »Wiener Fastenspeisen«.

Was die Orthographie betrifft, so wurde absichtlich die alte Schreibweise, soweit sie nicht sinnstörend und verwirrend wirkt, hier beibehalten, um den ursprünglichen Charakter des schon mehr als hundert Jahre alten Kochbuches zu wahren –: Urgroßmutters Kochbuch! – Es ist darum doch um kein Haar minder gebrauchsfähig und gegenwärtig.

Bei verschiedenen Rezepten wird darin als Maaßeinheit das Lot genannt: ein Lot ist etwa 15 bis 16 Gramm.

Zum Schluß noch ein sehr wichtiger und nicht zu übersehender Hinweis, nämlich: die Chü. (Die Schreibweise ist nicht immer die gleiche, man liest auch manchmal: Schüh und dann auch wieder Schie.) – Die Chü ist die Grundlage und das Geheimnis aller guten Suppen und Potagen. Keine gute Suppe ohne Chü. Es gibt die Chü für Fleisch- und die für Fastensuppen (vegetarische Suppen) – ebenso wie es Fleisch-Bouillon und Erbsen-Bouillon gibt. Auch ist die Chü wichtig als Zusatz zur Verbesserung der Saucen. Heute hat man als Ersatz dafür Fleischextrakt und Maggi. Aber diese sind eben doch nur Fabrikerzeugnisse und können daher ebensowenig mit der echten Chü wetteifern wie etwa eine Erdbeermarmelade einer noch so renommierten Firma mit der Erdbeermarmelade einer wirklich guten und erfahrenen Köchin oder Hausfrau. Man braucht nur einmal den Versuch zu machen und einer Suppe oder Sauce Fleischextrakt und eben dieser eine gute Chü hinzuzufügen und man wird den Unterschied schon merken; ganz abgesehen von dem ungleich größeren Nährwert und der hygienischeren Qualität der letzteren. – Auch liegt kein Grund vor, sich durch die scheinbare Mühe der Bereitung abschrecken zu lassen, denn man macht gleich immer eine größere Menge, da sie lange haltbar ist, so daß man immer für die ganze Woche Vorrat hat. Und auch die Kosten sind durchaus nicht unverhältnismäßig und machen sich durch das, was man sich dafür »einverleibt«, mehr als bezahlt. Zudem gibt es auch Chüs verschiedenen Grades, und wenn sie auch durchweg nach einer ganz bestimmten Norm bereitet werden, so ist der dazu notwendige Aufwand doch sehr divergierend. – Im Kochbuche der Frau Rat Schlosser ist eine ganze Reihe Chü-Rezepte angegeben – ein Zeichen, welchen Wert man darauf legte. Aus diesem Grunde sind auch alle hierin aufgenommen worden, und zwar gehen sie der ersten Abteilung: »Suppen« voran, weil beinah jede gute Suppe und auch Braten-Sauce jener Zeit die Chü voraussetzt.

Im Anfang war: Die Chü

Chü

Wer kochen will, der lern beizeiten
Zu allererst die Chü bereiten.
Die Chü ist wie der Stein der Weisen,
Denn sie tingirt dir alle Speisen.

Chü

Einfache Chü

Unten in die Kasserole Speck, das Fleisch in Scheiben darauf und anbraten lassen; wenn das Fleisch ganz braun gebraten ist, thut man drei bis vier Zwiebeln sauber abgeputzt aber nicht geschält dazu, einen Selleriekopf und ein paar gelbe Rüben; etwas rösten lassen, Fleischbrühe darauf gegossen; wenn es kocht, etwas Nelken und Pfefferkörner, ein Rindchen Schwarzbrotkruste. Nun gekocht bis es gut ist und dann durchgeschlagen.

Eine gute Chü

Eine gute Chü, die man zu vielem brauchen kann: Man belegt die Kasserole oder Topf unten mit Speckschwarte oder Speck, nimmt zwei Pfund Rindfleisch vom mittelsten Schwanzstück, schneidet es in Scheiben und legt es auf den Speck, dazu thut man einen Selleriekopf, Zwiebeln, welsche Zwiebeln, gelbe Rüben, Petersilienwurzel, etwas Schinken oder geräuchertes Rindfleisch; wenn man will, kann man auch etwas Gewürz dazutun; deckt es behebt zu und setzt es über Nacht auf glühende Asche, daß es zieht; morgen gibt man ihm mehr Feuer bis es braun und ein wenig dick wird, danach schüttet man es ab und setzt das Fleisch wieder auf bis es braun ist, dann schüttet man Fleischbrühe dazu und läßt es auf gelindem Feuer kochen bis es gut ist, dann schlägt man es durch und schüttet es zu dem, was man zuerst abgeschüttet hat. So ist es fertig.

Chü nach Cotton, gut

Zwei bis drei Pfund Rindfleisch, zwei Pfund Kalbfleisch vom Bug, die Kasserole wird mit Speck belegt, darauf gelbe Rüben, Zwiebeln, weiß Rüben, Petersilienwurzeln, alles dieses zerschnitten, das Fleisch gleichfalls klein geschnitten, geklopft und draufgelegt, dann auf ein starkes Feuer gesetzt und darauf gelassen, bis es braun wird, dann geschwind Wasser draufgegossen, so läßt man es recht lang und langsam kochen; Sellerie kommt erst dazu wenn es kocht, damit die Chü nicht trübe wird, weswegen sie auch im Anfang auf starkes Feuer kommt, damit die Brühe nicht trüb und dicklicht wird. Ist sie zu Suppen, so darf man garnicht rühren, damit sie ganz klar bleibt.

(Die Chü als Zusatz zu den Fastensuppen und den Fastensaucen hat zur Voraussetzung die: Fasten-Bouillon. Bevor also die Anweisung für die Bereitung einer guten Fasten-Chü gegeben werden kann, muß dieser das Rezept der Fasten-Bouillon vorausgehen):

Fasten-Bouillon

Thue in einen Kessel oder Hafen eine Portion guter Erbsen je nach Quantität der zu bereitenden Bouillon, setze sie mit Wasser zu dem Feuer, wenn sie anfangen zu sieden, rücke den Kessel zurück und lasse sie recht stark sieden, damit die Bouillon klar bleibe; hernach thue dazu von allen Sorten Wurzeln als Sellerie, Pastinak, Bory und eine ganzen Zwiebel wie auch etwas Körbel. Du mußt aber beobachten, daß die Erbsen auch nicht zu stark sieden, damit die Bouillon nicht trübe werde. Thue hernach den Kessel oder Hafen vom Feuer wegsetzen und lasse ihn etliche Minuten stehen, bis sich das dicke auf den Boden gesetzt hat, thue dann die Bouillon durch ein feines Haarsieb seien und bediene dich dessen wie folget:

Fasten-Chü

Thue ein Stück frische Butter in eine Kasserole, schneide ein paar große Zwiebel blattweis, belege den Boden der Kasserole damit, schneide hernach von allen Sorten Wurzeln darauf als gelbe Rüben, Pastinak, Petersilienwurzel, Sellerie und Bory, ein wenig Thymian, welches der Chü einen guten Geschmack gibt. Nachdem thue den Fisch darauf als wie Schleien und Karpfen, setze hernach die Kasserole auf das Feuer und lasse es anziehen, bis es unten eine schöne braune Farbe bekommt, gieße ein wenig klare Erbsenbouillon daran (Erbsenbouillon siehe oben) und lasse es wiederum anziehen; wenn es hernach wiederum eine schöne braune Farbe angezogen hat, thue es anfüllen mit der klaren Erbsenbouillon und lasse es stark sieden; thue dazu ein Stück guten Parmesankäs und lasse es auch mitsieden. Wenn die Chü wohl verkochet hat, setze sie vom Feuer und lasse sie etliche Minuten stehen; hernach seie sie durch ein Haarsieb oder eine Serviette, damit sie schön klar bleibe, und setze sie auf die Seite. – Zu einer guten Fasten-Consommee oder Fasten-Kraftsuppe bedient man sich dieser Chü wie folgt:

Fasten-Glace

Eine schöne Fasten-Glace zu machen (Glace ist dem heutigen Aspik gleichzusetzen): Nimm von allen Sorten Fischen als nämlich Karpfen, Schleien, Forellen, und wenn diese Fische alle geputzt sind und in kleine Stücke geschnitten, setze eine Kasserole mit Wasser und Salz auf das Feuer, thue hernach diese Fische herein und wenn es anfangen will zu sieden, gieße das Wasser davon und gib ein frisches darauf. Hernach thue den Fisch in eine Kasserole, gib dazu von allen Sorten Wurzeln wie zuvor gemeldet, und diese viel, wie auch eine große Zwiebel, ein Lorbeerblatt, ein wenig Basilicum und Thymian, ein paar Nägelin und ein wenig ganze Muskatblüte, ein Stück guten Parmesankäs, setze es auf das Feuer und lasse es anziehen, aber nicht stark; fülle es hernach mit klarer Erbsenbouillon und lasse es stark sieden, bis der Fisch und die Wurzeln wohl verkocht haben; lasse es hernach durch eine Serviette passieren, daß kein Fett dabei bleibe, thue es in eine saubere verzinnte Kasserole, setze es auf starkes Feuer und lasse es einkochen bis die Glace (Aspik) eine schöne Farbe bekommt. Sollte die Farbe zu schwach sein, so gib ein wenig Chü dazu, bis es die Farbe hat wie es sich gehört, nicht zu schwach und auch nicht zu hoch. Auf die letzt gieße etliche Tropfen frisches Wasser daran und laß es noch einmal aufkochen; dieses macht die Glace klar und schöner in der Farbe. Mit dieser Glace kann man hernach die Voressen glaciren, auch Fricando und mehrere dergleichen Speisen, wie überhaupt was glacirt werden muß. Diese Glace (Aspik) muß so schön sein gleich einer von Fleisch.

A. Nunzer. f.

Suppen

Nicht leicht gemacht sind gute Suppen:
Wer etwas kann, wird sich entpuppen.
Ist schon die Suppe gleich mißraten,
hat man auch keine Lust zum Braten.

Tages-Suppen

Eine sehr gute Suppe

Auf 6 Personen ein Pfund Reis, diesen Reis natürlich erst mit kalt Wasser und dann mit warmem Wasser abgequerlt, alsdann mit ein achtel Pfund Butter und etwas Zitronenschale in weißer Bouillon ganz kurz einschmoren lassen, daß es ein dicker Brei wird. In einem Topf drei ganze Eier geschlagen und mit ein achtel Pfund geriebenen Parmesankäse gequirlt, alsdann unter diesen Reisbrei gerührt, in eine Kasserole gethan, etwa 10 Minuten in die Bratröhre gesetzt, damit der Brei recht steif wird. Nun diesen Klos ganz in die Terrine gethan und die Terrine mit lichtbrauner Chü angefüllt, bei dem Vorlegen immer ein Stück abgestochen.

Dieser nämliche Brei macht auch eine sehr gute warme Pastete, mit alten Hühnern oder Kalbsmilchen; wenn man will, kann man auch von den ganz kleinen Gartenzwiebeln unter den Reis schmoren, unten auf den Blätterteig diese Masse, die Hühner darauf, einen Deckel drüber und eine weiße Sardellen-Sauce dazu gegeben.

Sauerampfer-Suppe

Man putzt und wäscht den Sauerampfer, thut Butter in eine Casserol und schmort den Sauerampfer bis er weich ist, streut einen halben Löffel Mehl, füllt es mit guter Fleischbrühe auf und läßt es kochen. Kurz vor dem Anrichten thut man geröstete Milchbrotschnitten hinein und rührt es mit Sahne und Eigelb an.

Körbel-Suppe

Man hackt den Körbel recht klein, schmort ihn in Butter; wenn er weich ist, thut man einen halben Löffel Mehl dazu und läßt es noch ein wenig mitschmoren, dann schüttet man Fleischbrühe dazu und läßt es kochen. Kurz vor dem Anrichten schneidet man klein-würflicht Franzbrot hinein und läßt es ein wenig mitkochen, rührt es mit Eigelb und etwas Sahne an.

Kernerbsen-Suppe

Man nimmt ein gut Teil Kern-Erbsen, schmort solche mit einem Stück Butter; wenn sie zart geschmort sind, füllt man sie mit guter Fleischbrühe auf, schält ein Franzbrot, weicht es in Wasser, drückt es recht aus und läßt es mit verkochen; dann nimmt man eine gute Hand von Spinat, clanchirt ihn ab, stößt ihn in einem hölzernen Mörser und läßt ihn ungefähr eine Stunde mitkochen, auch kann man ganz wenig Selleriewurzel und Petersilienwurzel mit den Blättern dazu tun und mitkochen lassen; wenn man sie bald anrichten will, schlägt man sie durch einen Durchschlag, rührt sie mit zwei Eigelb an und sie ist fertig.

Kalbfleisch-Suppe

Man nimmt zwei Kalbs- und andere Knochen, hackt sie recht, stellt sie mit Fleischbrühe bei, mit Wurzeln, Petersilien, Rüben, Sellerie und Muskatnuß, eine halbe Zitrone und die Brosamen von zwei Franzbrot; wenn alles recht gekocht ist, schlägt man es durch und richtet die Suppe an; wenn man will, kann man auch Fleischklöschen hinein thun.

Suppe von weißem Kraut oder Wirsing

Man nimmt Wirsing oder Weißkraut soviel als man machen will, solches sauber geputzt und etlichmal gewaschen. Hernach in Wasser abgekocht, alsdann wenn es gekocht ist, in einen Tiegel gethan – wenn man Chü hat von Braten oder gemachte Chü, so kann man eine daran thun; wo nicht, so nimmt man gute Fleischbrüh, auch eine Zwiebel mit Nägelin besteckt, und ein wenig braun Mehl daran geröst und wohl kochen lassen ein bis zwei bis drei Stund lang, hernach ein wenig braune Semmel in eine Schüssel gethan und die Suppe darauf gerichtet, daß es nicht zu dick ist, so ist es recht.

Linsen-Suppe

Man nehme Linsen, lese sie sauber, hernach etlichmal wohl gewaschen und in kaltem Wasser zugesetzt. Wann die Linsen weich sind, so nehme man sie vom Feuer, treibe sie durch ein Haarsieb, thue sie wieder in den Tiegel, wann sie zu dick sein; so man Fleisch ißt, gieß gute Fleischbrühe daran, wo nicht, so gieß Wasser daran, thue ein Stücklein Butter darein, versuche es nach dem Salz, röst Semmel aus dem Schmalz, leg solche in die Schüssel; wenn die Suppe kocht, so schüttet man sie darüber und gibts warm auf den Tisch.

Käse-Suppe

Nimm siedend Wasser, und so es noch kocht, thue ein Stücklein Butter darein, salz es ein wenig; wenn man Fleisch ißt, kann man saubere Fleischbrüh nehmen und selbe kochen, hernach auf ein geschnitten Brot oder Semmel das Wasser oder die Fleischbrühe in eine Schüssel geschüttet; alsdann nimm Parmesankäs oder guten holländischen Käs, reib denselben schön klein, man kann Käs nehmen so viel man will, setz die übergegossene Suppe zugedeckt aufs Feuer, streue hernach den Käs darauf und lasse es recht warm stehen, bis es auf den Tisch kommt.

Suppe von allerhand Kräutern, so nicht durchgetrieben werden

Man nehme von allerhand Kräutern, wie es einem beliebt, lese sie sauber, auch etlich Mal sauber gewaschen; man kann die Kräuter klein schneiden, auch ganz nehmen, in einen Tiegel gethan, auf dem Feuer in Butter ziehen lassen; man kann auch nur so gute Fleischbrühe daraufgießen und kochen lassen, hernach über eine geschnittene Semmel hergießen und auf dem Feuer ein wenig kochen lassen; nach dem Salz versucht und gestoßene Muskatblum darauf gethan, so ist es recht.

Einlauf-Suppe

Einlauf-Suppe, für drei Personen, gut: Man nimmt einen ganz knappen Eßlöffel Mehl und rührt ihn mit etwas Salz und drei Eiern an; wenn die Fleischbrühe, die aber gut sein muß, recht kocht, rührt man die angerührte Masse langsam hinein und thut es gleich vom Feuer.

(Diese zehn Tagessuppen werden dann ergänzt durch heiße Fruchtsuppen sowie durch Fruchtkaltschalen. Da aber beide Arten mit Wein bereitet werden, so dürften sie für die vegetarische Küche ausschalten. Sie werden daher, ihrer verhältnismäßig einfachen Bereitungsweise wegen, an dieser Stelle aufgeführt.)

Zitronen-Suppe

Man schält zwei Milchbrote und verkocht sie dann recht zart mit guter Fleischbrühe nebst dem Äußeren der Schale einer Zitrone, aber ganz dünn geschält, so daß garnichts von dem weißen daran bleibt. Dieses kocht man wohl eine Stunde und treibt es nachher durch ein Haarsieb. Nachher füllt man es mit Fleischbrühe auf und thut etwas Muskatnuß, ein Stückchen frische Butter und knapp einen halben Schoppen weißen Wein dazu, kocht alles zusammen recht zart und rührt es dann mit zwei Eiergelb an.

Hanbutten-Suppe

Auf einen Schoppen Hanbutten drei Schoppen Wasser, vier Borstorfer Äpfel geschält, klein geschnitten und einige Stunden gekocht, dann durchgeschlagen; kurz vor dem Anrichten etwas roten Wein daran gegossen, Zucker nach Gutdünken mit einigen Eiergelb angerührt. In den Suppennapf thut man kleine Rosinen, geschnittene Mandeln und in Butter geröstete Milchbrotschnitten. Man richtet dann die Suppe darüber an.

Kirsch-Suppe

Man nimmt eine Bouteille aufbewahrte Kirschen (eingemachte), kocht sie in drei Schoppen Wasser, stößt die Kerne und kocht sie mit aus; schlägt sie durch und bereitet sie mit Zucker, Wein und Eiergelb, ebenso wie die vorigen. Hierbei läßt man Äpfel, Mandeln und Rosinen weg.

Heidelbeer-Suppe

Wird gerade so gemacht wie die Kirsch-Suppe, aber ohne Eiergelb und braucht nicht so lange zu kochen.

Kirsch-Kaltschale

Man nimmt vier Pfund saure Kirschen, pflückt sie vom Stiel, zerdrückt sie recht und treibt sie durch einen Durchschlag; dann nimmt man das Zurückgelassene mit den Kernen und stößt solche in einem hölzernen Mörser; wenn sie recht zerstoßen sind, thut man alles in eine tiefe Schüssel, thut vier Maß Wasser und drei Maß Wein dazu, Zucker nach Gutdünken, stellt solches drei Stunden in den Keller, daß es recht kalt wird und auszieht; dann läßt man es durch ein feines Haarsieb in die Terrine laufen. Je nach Geschmack kann man auch geröstete Semmelschnitten hineinthun.
Man kann dasselbe auch von Erdbeeren, Johannisbeeren, Himbeeren und Heidelbeeren machen.

Reis-Kaltschale

Der Reis wird abblanchirt und hernach in Wasser ganz weich gekocht, dann mit kaltem Wasser gut abgespült, damit er recht frisch wird; das Wasser ablaufen lassen und Wein, Zucker und Zitronensaft nach Gutdünken darüber gethan, wie bei einer andern kalten Schale. Wasser darf man deswegen nicht dazu thun, weil schon immer ein wenig bei dem Reis bleibt.

Vorzugs-Suppen

Eine braune Suppe

Man nimmt zwei Pfund Fleisch vom Schwanzstück und schneidet es zu dünnen Scheiben, klopft es, belegt eine Kasserole mit ein wenig Nierenfett, Speck oder Butter und legt das Fleisch hinein, zwei Zwiebeln, etliche gelbe Rüben, Petersilienwurzel, einen Selleriekopf; wenn das alles beisammen ist, deckt man es zu, setzt es auf gelindes Feuer, läßt es eine dicke Brühe ziehen, schüttet die Brühe ab und läßt das andere noch bräunen; hernach füllt man es mit guter Fleischbrühe auf und läßt es bis eine halbe Stunde vor dem Anrichten kochen, dann schlägt man es durch ein Haarsieb. Wenn man will, kann man vorher kleingeschnittenes Gewürz daran thun, wie auch auf die übrige Brühe geröstete Semmelschnittchen.

Krebs-Suppe

Nimm die Krebse, wasche sie rein, thue ein wenig Butter in die Kasserole, eine Tasse voll Fleischbrühe, setze sie zugedeckt auf das Feuer und lasse sie schmoren bis sie gar sind, hernach bricht man die Schweife aus und schält sie;

das übrige stößt man in einem Mörser mit ein wenig Butter, wenn es geschmort ist, schüttet eine gute Fleischbrühe daran, etwas Milchbrotrinden und läßt es kochen; eine halbe Stunde vor dem Anrichten schlägt man es durch, thut, wenn man will, Fleischklöschen hinein, richtet es mit Eigelb an, etwas geröstete Semmelschnitten und die Krebsschweife hinein.

Wein-Suppe

Man nimmt ein halbes Maß Rheinwein, ein halbes Maß Wasser und ein halbes Maß Sahne; ein wenig ungesalzene Butter und einen Löffel Mehl schmort man zusammen, dann rührt man es mit Wasser, Wein und Sahne untereinander, setzt es aufs Feuer und läßt es kochen; wenn es gekocht, schneidet man Semmel kleinwürflicht hinein und richtet sie mit vier Eigelb an.

Kräuter-Suppe

Man nehme etwas Körbelkraut, etwas Sauerampfer, Pimpernell, von Petersilien die Blätter, von Zellerie die Blätter. Alle diese Kräuter muß man gut abzupfen, rein auswaschen, im Mörser stoßen, den Saft davon durch ein Tuch in einen Topf drücken, etwas sauren Rahm, ein Stück frische Butter und einige Eigelb darunter thun. Hierauf muß man gute weiße Fleischbrühe darunter gießen und bei dem Feuer ziehen lassen.

Karpfen-Suppe

Karpfen-Suppe, sehr gut: Ein zweipfündiger Karpfen wird von der Gräte abgelöst, der Kopf und die Gräten werden mit einem Pfund Barben ganz klein gestoßen und in süßer Butter geschädmet, nebst ein paar Petersilienwurzeln und Zellerie, ein paar Lorbeerblätter, einige Nelken und Pfeffer, etwas Charlotten, gelbe Rüben und ein geröstetes Milchbrot; nun mit recht guter Bouillon aufgefüllt und recht gut kochen lassen, durch ein Haarsieb durchgetrieben, die ausgegräteten Bauchstücke wieder gesondert gekocht, die Brühe auch dazu, kalt werden lassen, in lange Stückchen geschnitten und gebackene Bröckelchen und Muskatnuß dazu. Die Suppe wird mit Eiergelb angerührt.

Moc Turtle oder nachgemachte Schildkrötensuppe

Nimm einen Kalbskopf mit der Haut, schneide ihn in Hälfte und reinige ihn recht, dann koche ihn halb gar, zerschneide alles Fleisch davon in Würfel, zerbrich den Knochen und koche sie abermals in Kalb- oder Rindfleischbrühe. Brate einige Charlotten in Butter und streue so viel Mehl dazu, daß die Suppe hinreichend verdickt wird; gieße hierzu braune Chü und koche es einmal auf, dann schäume es sorgfältig und thue das Fleisch des Kopfes mit der übrigen Kalbskopfbrühe dazu und lasse es langsam sieden, bis das Fleisch völlig weich ist; thue einen Schoppen Madeira dazu, und etwa 10 Minuten, ehe die Suppe aufgetragen wird, füge hinzu: etwas Basilicum, Estragon, gehackte kleine Zwiebeln, Petersilien, Cayenne-Pfeffer und Salz nach Geschmack, drücke den Saft einer Zitrone in die Suppen-Terrine, einige Löffel Champinionextrakt und einen Löffel voll indischen Soya hinzu, sowie kleine Fleischklöse und das Gelbe mehrerer hartgekochter Eier, welche ganz bleiben müssen, und gieße die Suppe darüber. – Man kann auch Ochsengaumen weich gekocht und klein geschnitten hinzufügen, und wenn man nur einen halben Kalbskopf nimmt, die Fleischbrühe von Hammelshals, Kuhfüße oder Kalbsbeinen nehmen, auch nach Gefallen einige Sardellen und Austerbrühe hinzufügen; so hängt auch die Wahl und die Menge der Gewürze ganz vom Geschmack ab.

Eine Suppe von Morcheln

Man nimmt Morcheln je nachdem man mehr oder weniger Suppe machen will, es mögen dürre oder frische sein, solche sauber geputzt und gewaschen; sind es dürre, so schüttet man, wenn sie geputzt sind, warmes Wasser darüber, hernach drückt man sie aus und schneidet sie klein wie man sie haben will; sind es frische, so macht man gelblicht Mehl in Butter auf dem Feuer, thut die Morcheln in einen Tiegel oder Hafen, schüttet Fleischbrühe daran und hackt Petersilienkraut dazu und läßt es also kochen; sind es aber dürre, so macht man das Mehl desto brauner, so man Bratenbrühe oder Chü hat, kann auch daran gethan werden, thue auch Fleischbrühe dazu und lege Semmel gebeeht in eine Schüssel, schütte die Suppe darauf, versuch sie nach dem Salz, thue auch gutes Gewürz daran, so ist es recht.

Eine gestoßene Hühnersuppe

Man nimmt eine Henne, die vorher mit einem Stück Rindfleisch gar gekocht worden ist: zu einer Suppenschale ein viertel von der Henne genommen, solches zerhackt, in den Mörser gethan und klein gestoßen; alsdann thue es in ein Tiegelein, thu auch ein Stück Brosam von einer Semmel dazu, gieße von einer guten Suppe darauf so viel auf eine Suppenschale kommt, setze es dann aufs Feuer und lasse es ein wenig kochen, treibe es durch ein Haarsieb wieder in einen Tiegel und lasse es manchmal aufkochen; man kann auch gestoßene Mandeln mit durchtreiben; wenn es wieder kocht, so schneide Semmel in die Suppenschüssel, richte es darüber an; man kann auch Muskatblumen gestoßen darauf thun. Es ist eine gute Suppe für die Kranken.

(Nachstehende Rezepte von Suppen-Einlagen finden sich im Kochbuche der Frau Rat Schlosser zwischen den einzelnen Suppen-Rezepten eingestreut. Sie werden hier zusammengefaßt gebracht der besseren Übersicht wegen.)

Suppen-Einlagen

Verlorene Eier in die Suppe

Man läßt Wasser in einer Kasserole rasch kochen, thut dann etwas Salz und Weinessig dazu, schlägt, wenn das Wasser wieder recht kocht, frische Eier ganz hinein, setzt die Kasserole vom Feuer ab und neben das Feuer, damit das Wasser so nur von einer Seite aufkocht. Alsdann gießt man behutsam kaltes Wasser dazu, nimmt die Eier mit der Hand heraus und legt sie in ganz kaltes Wasser, so bekommen sie das Ansehen als wenn sie die Schale noch hätten.

Eierkäse zur Suppe

Vier ganze Eier werden mit einem Schoppen Milch recht geschlagen, in ein Töpfchen gethan, dieses in einen größeren Topf mit Wasser gestellt, oben Kohlen und so kochen lassen; dann beim Anrichten mit einem Löffel in die Suppe gethan.

Griesklöschen in die Suppe

Ein viertel Pfund Griesmehl in kochend Wasser dick gekocht, wenn es halb kalt, ein Stückchen süße Butter dazu gerührt, ein bis zwei Eier hineingerührt, zu Klöschen geformt und in Butter gebacken.

Butterklöschen

Ein halbviertel süße Butter recht verarbeitet, zwei bis drei trockene Milchbrot ohne die Rinde, diese mit der Butter wieder verarbeitet, zwei ganze Eier; ist die Butter schlecht, daß noch Buttermilch darin ist, so thut man das eine Eiweiß nicht dazu, etwas Gewürz, gar kein Mehl dazu gethan. Wenn man sie zu Klöschen macht: entweder in Butter gebacken und beim Anrichten in die Suppe gesetzt oder nicht gebacken und fünf Minuten vor dem Anrichten in die kochende Fleischbrühe gethan.

Markklöschen

Markklöschen werden grade so gemacht wie Butterklöschen, nur nimmt man anstatt ein halb viertel süße Butter ein halb viertel Mark; es darf auch etwas weniger sein, weil es fetter ist.

Fleischklöschen zur Suppe

Nimm ein Pfund Hackfleisch, anderthalb Franzbrot, geschält, eingeweicht und ausgedrückt. Ein viertel Pfund Nierenfett oder Mark, Salz, etwas Muskatnuß, zwei bis drei Eier, Klöschen daraus gemacht und in die Suppe gesetzt.

Schebert in die Suppe

Sehr gut: Ein Stückchen frische Butter in der Größe wie drei welsche Nüsse wird fein abgerührt, dann werden zwei ganze Eier und ein Eidotter hineingerührt und zuletzt so viel feines Mehl darein gerührt, daß es ein weicher Teig wird. Diesen salzt man ein wenig, thut ihn in einen Tiegel oder eine Kasserole, die man vorher mit frischer Butter ausgeschmiert hat (in der Größe, daß die Masse Teig ungefähr gut daumbreit von der Höhe ausfülle) und backt ihn in einer Röhre oder indem man ihn auf Kohlen stellt und auch oben auf einen Deckel Kohlen thut. Wenn er semmelhart ist, thut man ihn heraus, läßt ihn auskühlen, schneidet ihn in beliebige Formen, legt die Stückchen in den Suppentopf und gießt beim Anrichten die heiße Bouillon darüber.

Fasten-Suppen

(Überall, wo in diesem Abschnitt
von Bouillon und Chü die Rede ist,
ist die Fasten-Bouillon und
Fasten-Chü gemeint.)

Eine Suppe mit kleinen Zwiebeln

Nimm eine gute Portion kleine Zwiebel, putze sie sauber, nimm frisches Wasser und blanchiere es; alsdann thue die erste Haut wieder davon, thu sie hernach in ein kleines Geschirr mit frischer Butter und ein wenig Zitronensaft und Wasser, setze es aufs Feuer und lasse sie langsam sieden bis sie lind sind, schneide hernach von Semmeln rundes Brot wie ein Zwanziger groß und backe es in frischer Butter heraus, thue hernach in eine Kasserole eine klare Erbsenbouillon wie auch etwas Chü und lasse es aufkochen. Ist es Zeit zur Tafel, so thue das Brot in die Bouillon hinein, lasse es noch einmal aufkochen, richte es hernach in der Suppenschüssel an, gieße das Wasser von den Zwiebeln durch ein Haarsieb und gib die Zwiebel zu dieser Suppe.

Reis-Suppe auf italienisch

Nimm eine gelbe Rübe wie auch Pastinak, einen Sellerie, Petersilienwurzel; wenn sie geputzt sind, thue diese Wurzeln kleingewürfelt wie den Reis schneiden und hernach ein wenig im Wasser blanchieren; wenn hernach der

Reis sauber geputzt und blanchiert ist, thue ihn zusammen mit den Wurzeln in einen Kessel oder Hafen, fülle es an mit klarer Erbsenbouillon und Chü, aber die Bouillon darf nicht zu braun sein, setze es aufs Feuer und lasse es langsam sieden, bis alles lind ist, aber wohl acht gegeben, daß die Suppe schön klar bleibt; brocke hernach eine grüne Petersilie blattweis, thue sie in Wasser sieden bis sie lind ist; ist es Zeit zur Tafel, so thue diese grüne Petersilie in deine Suppe und richte sie an.

Suppe von Kastanien

Nimm die Kastanien, thue sie in einer Pfanne halb braten und sauber schälen, thue sie dann in eine Kasserole mit frischer Butter, schneide Wurzeln daran wie auch eine Zwiebel und ein halbes Lorbeerblatt thue auch dazu; setze es auf ein gelindes Feuer und lasse es possiren; fülle es hernach auf mit klarer Erbsenbouillon und Chü, backe etliche Stücke Fisch und etliche Eier, thue es auch dazu und lasse es mitkochen. Wenn dieses alles wohl verkocht hat, setze es aufs Feuer und thue das Fett wohl davon abschöpfen. Passiere hernach die Suppe durch ein Haarsieb undd richte das Brot in Butter ausgebacken. Ist es Zeit zur Tafel, so setze die Suppe auf das Feuer, rühre sie um, wenn sie wohl heiß ist, thue das gebackene Brot hinein, und lasse es ein wenig anziehen, so ist es recht.

Salat-Suppe

Nimm ein dutzend oder mehr Salatstauden wie man es grade braucht, nimm davon die Herzen, thue sie hernach in Wasser blanchiren oder auf deutsch absieden, dann drücke sie sauber aus, rangire in einer Kasserole mit einer Zwiebel, auch etwas Wurzeln und einem Stück frischer Butter, setze es auf ein gelindes Feuer und lasse es dünsten; gieße hernach eine klare Erbsenbouillon daran, lasse sie langsam kochen bis sie lind sind, richte darauf die gebähte Semmel oder Brot, auch in frischer Butter ausgebacken. Ist es Zeit zur Tafel, so thue in eine Kasserole eine klare Erbsenbouillon, auch etwas Chü, setze es aufs Feuer, gieße den Salat auf ein Haarsieb, daß die Herzel schön ganz bleiben, rangire sie hernach in die Suppenschüssel, thue das gebähte oder gebackene Brot in die Bouillon, lasse es aufkochen und richte es an.

Suppe mit Knödeln von französischem Fasch

Nimm einen Hecht, thue die Haut davon abnehmen, hernach thue das weiße Fleisch von den Gräten mit dem Messer herunterschaben, daß alle Gräten davonkommen, thue dieses Fleisch in einen Mörser und gib etliche Charlotten, ein wenig Zwiebeln, ein wenig Basilicum und Thymian, dieses alles aber recht fein geschnitten, hernach muß es fein gestoßen werden, hierauf thue diesen Fasch (Farce) wieder in den Mörser und gib dazu so viel Fasch gleiches Gewicht, frische Butter, wie auch in Milch geweichte Semmel, Salz, ein wenig Muskatnuß, auch etwas weißen Pfeffer, thue es hernach gut zusammenstoßen und schlage dazu von vier oder fünf Eierklar den Schnee; thue es wohl zusammenmischen, hernach staube ein wenig feines Mehl auf das Backbrett, thue diesen Fasch darauf und mache nach Belieben deine Knödel rund oder lang. Ist es Zeit zur Tafel, lasse sie in einer Kasserole sieden, nimm klare Erbsenbouillon und thue die Knödel hinein und lasse es ein paar Minuten zugedeckt gäh sieden; hernach muß deine klare Erbsenbouillon mit guter Chü heißer präpariert sein, so viel du Suppe von nöten hast; gieße sie hernach in die Suppenschüssel und nimm die Knödel mit einem löchrigen Löffel heraus, gib sie in die Bouillon und thue deine Suppe zur Tafel servieren.

(Diese Fastensuppen sind größtenteils mit den vegetarischen Suppen identisch.)

Kleine Speisen und Vorspeisen

Vorspeisen und die Kleingerichte,
das sind die lyrischen Gedichte:
Man liebt es, drauf zurückzukommen –
dran hat sich Niemand übernommen.

Kleine Tages-Speisen und Vorspeisen

Gefülltes Wirschingkraut

Nimm ein Pfund Bratwurstfülle, etliche Charlotten, etwas Gewürze, zwei geschälte, in Wasser geweichte und wieder ausgedrückte Franzbrot, das Zarte vom äußersten Welschkohl gebrüht, gelesen und druntergewiegt, drei Eier, man kann auch etwas Petersilienkraut drunterwiegen; die Häupter bricht man ein wenig und füllt sie; diese Portion Füllsel gibt sechs Häupter; sie werden mit Zwirnfaden gebunden, hernach stoft man sie, wie man Blumenkohl stoft.

Gefüllte Kohlrabi

Man nimmt zarte Kohlraben mittlerer Größe, schält sie und brüht sie in Salzwasser bis sie weich sind; wenn sie kalt sind, schneidet man oben die Platte ab und höhlt sie hübsch dünn aus; man nimmt ein Pfund Bratwurstfülle, zwei Charlotten, die Fülle in einem Töpfchen in Butter geschmort bis es warm ist, nimmt es auf das Hackbrett und wiegt es mit den Charlotten; anderthalb geschältes, in Wasser geweichtes und wieder ausgedrücktes Franzbrot, drei Eier, Petersilienkraut, etwas Gewürze, etwas Mark-

oder Nierenfett, alles dies recht fein untereinandergewiegt, füllt die Kohlraben und legt die Plättchen wieder drauf; dann stoft man es wie Blumenkohl oder auch mit einer Krebssauce.

Gefülltes Weißkraut

Man kocht drei Häupter Kraut in Wasser, legt sie auf einen Durchschlag, daß das Wasser abläuft; dann macht man eine Fülle von Bratwurstfülle, etlichen Eiern, Charlotten, Petersilien. Das größte Haupt legt man auseinander, immer eine Schicht Farce, Blätter von den anderen und wieder von demselben die Blätter drumgeschlagen; so immer fort, bis es ganz voll ist, ein wenig zugebunden und in starker Brühe gekocht.

Gefüllter Salat

Man höhlt den Salat aus, nimmt die Blätter aus der Mitte heraus und hackt sie fein nebst einigen Zwiebeln. Man weicht ein geschältes Franzbrot in Wasser, drückt es aus; zu der Fülle etwas Bratwurstfülle, drei bis vier ganze Eier, etwas Muskatnuß. Dies alles fein braun geschmort, dann in den Salat gefüllt; dieser wird vorher abgebrüht. Nun macht man etwas Butter braun, gießt etwas Fleischbrühe daran und kocht den Salat drinnen. Zuletzt rührt man es mit ein paar Eiergelb an. Man kann auch Schotenerbsen daran thun.

Gefüllte Zwiebeln

Nimm Zwiebeln und schäle sie, dann werden sie gebrüht, aber nicht zu weich, so daß man sie gut aushöhlen kann; dann nimmt man Bratwurstfülle, etwas von den Zwiebeln, Petersilienkraut, geschältes, in Wasser geweichtes und wohl ausgedrücktes Franzbrot in Butter geschmort. Zuletzt die Bratwurstfülle mitschmoren. Je nachdem man viel oder wenig Fülle hat, viel oder wenig Eier dazu gethan und etwas Gewürz darunter. Mit dieser Farce füllt man die Zwiebeln, dann backt man sie gelblicht in Schmalzbutter, macht eine braune Sauce von Chü, läßt die Zwiebeln drin ausstofen und sie sind fertig.

Gebacknes Weißkraut

Gebackenes Weißkraut für acht Personen: Sechs Kraut werden fein geschnitten, in Butter eine Stunde geschmort, etwas fein geschnittene Zwiebeln dazu gethan, ein halbes Pfund Bratwurstfülle, fünf ganze Eier dazu gerührt, ein klein wenig gute Fleischbrühe daran gethan, anderthalb Franzbrot oder geriebene Semmel dazu gerührt. Man schmiert ein Blech oder eine Schüssel mit Butter, bestreut sie mit Weckmehl, thut die Masse hinein und macht es oben mit dem Messer platt. Weckmehl und Klümpfchen Butter darauf. Man backt es eine Stunde in der Röhre oder oben und unten Kohlen.

Einen Leberkuchen

Zu einer mittelgroßen Kalbsleber nimmt man zwei Franzbrote, von welchen man die Unterrinde abschält, zieht sie durch frisch Wasser und drückt sie wohl aus, hackt sie mit der Leber sehr fein, ein viertel Pfund Speck dazu, einige Charlotten. Wenn es recht fein gehackt ist, thut man es in eine tiefe Schüssel, rührt sechs bis acht Eier hinein, ein wenig Thymian, Nelken, Pfeffer und Muskatnuß; dann thut man es in einen Reif (Auflaufform) oder auf eine Blechschüssel, die vorher wohl mit Schmalzbutter geschmiert ist, auch mit Weckmehl bestreut, oben ein wenig Butter drauf, entweder im Backofen gebacken oder oben und unten Feuer gegeben.

Sehr gute Nierenschnittchen nebst Sauce

Die Sauce ist auch gut zu Fricadellen. Kalbsnieren, ein bischen Kalbfleisch, Zwiebeln, Pfeffer, Salz und Eier; dieses zu einer Masse klein gehäckelt, Milchbrot geschnitten und in Milch getaucht, alsdann die Masse darauf geschmiert und in Schmalzbutter schön hellgelb gebacken, so ist es fertig.
Die Sauce dazu: Ein Eßlöffel voll Mehl mit Wasser verrührt, drei Eiergelb, ein halber Schoppen sauren Rahm, ein Stückchen frische Butter, etwas Fleischbrühe und dann auf dem Feuer abgerührt bis sie kocht, auch etwas Salz dazu.

Rindfleischcarminade

Die Stückchen werden aus dem Hinterviertel genommen oder Rippenstückchen wie man sie will; man klopft sie recht, thut auf eine Steingutschüssel Butter, läßt sie zergehen, setzt sie auf einen Topf kochendes Wasser, legt die Carminade darauf, und läßt sie zwei Stunden ziehen, wendet sie fleißig um, alsdann legt man sie auf den Rost, nur auf Asche, und bestreut sie mit gewiegten Petersilien, Charlotten und geriebener Semmel.

Hühnercarminade

Die Brust wird nach dem Flügel zu abgelöst, das Fleisch wird recht gepocht und bereitet wie das vorige.

Kalbscarminade

Die Carminade wird geschnitten, gehäutet und mit dem Messerrücken geklopft; dann eine halbe Stunde in eine Schüssel gelegt und ein wenig Salz darauf gestreut. Nun wird eine Art von Farce gemacht mit etwas zergangener Butter, ein wenig Mehl, etwas geriebener Semmel, dieses einen Augenblick übers Feuer lassen und wenn es weggenommen wird, ein Eigelb hineinrühren. Von dieser Farce wird mit dem Messer an die Carminade gethan und fest angedrückt; alsdann schlägt man ein Ei auf, tunkt die Carminade hinein und bestreut sie mit Semmel und etwas kleingewiegten Petersilien und läßt sie einen Augenblick in Butter backen. Man kann dieselben noch eine kurze Zeit auf den Rost legen, aber einen Bogen Papier darunter thun, und sie fleißig mit Butter begießen.

Gebackene Kälberfüße

Man kocht die Kälberfüße mit etwas Salz, brüht sie aus und feuchtet sie mit Weinessig an, bestreut sie mit Pfeffer und neuer Würze, auch noch etwas Salz und läßt sie so ein bis zwei Tage stehen. Dann macht man einen Teig von Eidotter, Branntwein und etwas Mehl (Branntwein 3 Pfund), tunkt sie hinein, und backt sie in recht heißer Schmalzbutter aus.

Canapées nach der Suppe

Dünne Milchbrotschnitten geröstet und durch feines Provence-Öl gezogen, dann mit Sardellen und Kapern belegt und etwas weniges feingehackte Petersilie darauf gestreut. Es ist gut und sieht recht hübsch aus. Ehe man es röstet, schneidet man die Schnitten entzwei, sonst ist es zu groß; doch dieses nach Belieben.

Ausgebackenes Ochsenhirn

Das Hirn in warmem Wasser recht fein gehäutet; wenn es kalt ist, in Stückchen geschnitten, in Eiweis getunkt, in Weckmehl gewelgert und schnell in Schmalzbutter gebacken. Will man es recht gut haben, so läßt man es nun kalt werden, tunkt es nochmals in Eiweis, welgert es in Weckmehl und backt es nochmals, so wird es sehr knusperich.

Gefüllte Hammelsmilze

Hierzu nimmt man gehacktes Schweinefleisch, auf eine Milz rechnet man ein viertel Pfund; ein wenig eingeweichte und ausgedrückte Milchbrot, Eier soviel es annimmt, ein wenig Pfeffer und Muskatnuß, füllt die Milzen damit und läßt sie in Wasser einen Wall auftun. Nachher werden Sie in Schmalzbutter gebacken bis sie gar sind.

Schöpscarminade

Es wird ein halbes Pfund Mehl, ein Ei, drei Eierschalen voll Wasser zusammen zu einem Teig gemacht, ein viertel Pfund Butter daruntergeknetet, drei Mal recht dünn ausgewelgert und in einen Halbkreis, der oben ausgezackt ist, abgerollt und auf beiden Seiten mit Eiweis bestrichen; zur Masse nimmt man ein halbes Pfund Schinken klein gehackt, ein halbviertel Pfund Makaroni-Nudel, weich abgekocht und alsdann in einen Sieb geschüttet und kalt Wasser darauf gegossen und dann mit etwas frischer Butter geschwädmet. Wenn es ein wenig abgekühlt ist, rühre man zwei ganze Eier, ein wenig geriebenen Parmesankäse und süßen Rahm darunter und tue einen Löffel voll davon zwischen die abgerollte Form, bestreue es mit Weckmehl und backe es hübsch in Schmalz, Butter, so ist es fertig.

Reiskotelett

Reiskotelett nach der Suppe, sehr gut: Die Lammskoteletten werden geklopft und mit Pfeffer und Salz eingerieben, auf zwölf Stück ein halbes Pfund Reis und anderthalb Viertel geriebenen Parmesankäse genommen; der Reis wird in Fleischbrühe weichgekocht, etwas klein gehackte Charlotten dazu gethan, den Käse mitverrührt, aber nicht mitkochen lassen. Wenn die Masse kalt ist, werden die Koteletts damit amballirt, in ausgeschlagene Eier getunkt, in Weckmehl gewälzt und in Butter gebacken.

Ochsenhirn mit einer weißen Sauce

Das Hirn in warmem Wasser recht rein abgehäutet; in einen Topf Wasser, Essig und Salz kochend gemacht, das Hirn hineingethan und eine viertel Stunde kochen lassen, mit einem Fischlöffel herausgethan. In einen Tiegel etwas frische Butter zergehen lassen, etwas Mehl hineingerührt, etwas Brühe, worin das Hirn gekocht ist, dazu gethan, etwas Würze, die Brühe etwas dicklicht kochen lassen (wenn man will, kann man ein Stengelglas Wein dazu thun, nur muß man es kosten, damit es nicht zu scharf wird; thut man Wein dazu, so nimmt man weniger von der Hirnbrühe und statt dessen etwas Wasser); das Hirn eine halbe Viertelstunde drin schwädmen lassen, dann auf die Schüssel gelegt (immer mit einem Fischlöffel hinein und heraus, weil es leicht verfährt), die Brühe mit einem Eiergelb abgerührt und über das Hirn gegossen; auf diese Art ist es gut.

Risolen

Wenn man Leber von Hühnern oder anderem Geflügel hat, so werden diese sehr klein gehackt, dazu Salz, Pfeffer, Muskatnuß, geriebenes Franzbrot, hat man Rindsmark oder ist dieses nicht da, so schabt man ein Stückchen Speck dazu, zwei ganze Eier, alles zusammen recht verarbeitet, klein gehackte Charlotten, etwas fein gehackte Petersilie, dann Franzbrot abgeraspelt, dünne Scheiben davon geschnitten. den Farsch darauf geschmiert und in Schmalzbutter gebacken. Statt Lebern kann man auch Ochsenhirn nehmen: dieses wird in frisches Wasser gelegt, daß es weiß wird, dann ein bischen gekocht und wie erstes bereitet.

Fricadellen

Kalbsbraten gehackt, zwei Milchbrot, eingeweicht, dazu drei Eier, Zwiebeln, Zitronenschaale, Gewürze. Zwei Fingers dick und Fingers lang ist die gute Proportion, in Weckmehl gewelgert und gebacken.

Salat in Gelée

Man nimmt eine blecherne Form, gießt sie aus mit recht guter Gelee, den Boden ein paar Finger hoch und den Rand einen Finger dick. Hernach rangirt man einen italienischen Salat hinein; das Öl, Essig, Senf, Pfeffer und Salz macht man zurecht und gießt es ganz langsam nach und nach auf den Salat. Dann wird der Salat mit Gelee zugegossen, dann muß er stehen bis kurz vor dem Anrichten; da wird es gestürzt, es muß kein Tropfen Öl oder Essig hervorkommen.

Saure Gelée, Cotton

Sechs Kalbsfüße, 3 Pfund Rindfleisch, dazu gleich $^1/_2$ Maaß Essig und Wasser bis es drüber geht, läßt es kochen und schäumt es von Zeit zu Zeit ab, dann thut man dazu: gelbe Rüben, Zwiebeln, Petersilienwurzeln, Zellerie, ein Traubenblatt, ein wenig Thymian, ein wenig Knoblauch, eine geschälte Zitrone, Charlotten, ganzen Pfeffer, ganze Nelken, dies alles läßt man nun zusammen einen ganzen Tag kochen; gegen Abend thut man zwei bis drei Schoppen Wein dazu und läßt es noch zwei Stunden kochen, dann läßt man es durch ein Haarsieb laufen, hebt den andern Tag das Fett ab, klärt es mit Eierweis und ein wenig Zitronensaft und läßt sie durch das Geleetuch laufen.

Geschmorte Kälberbröschen

Man kocht die Bröschen, putzt sie ab und läßt sie wieder trocken werden, dann macht man Butter braun, thut 4 bis 5 Zwiebeln, etwas Wurzelwerk, Zitrone, Lorbeerblatt hinein. Man läßt sie braun schmoren, bestreut sie etwas mit Mehl, gießt Fleischbrühe nach, nimmt sie heraus, gießt die Brühe durch und läßt sie vollends schmoren.

Haschi

Das übrige Fleisch das man dazu nehmen will, wird klein gehackt, und Charlotten, Zwiebeln klein gemacht und geschwädmet, ein Löffelchen Mehl, alles zusammen mit dem Fleisch noch ein wenig schwädmen lassen, alsdann ein Stengelglas Wein, gute Fleischbrühe, ein wenig Braten-Sauce, wenn man sie hat, und etwas Essig dazu gethan und auch kochen lassen, auch etwas Kapern dran gethan.

Kleine Vorzugs-Speisen und Vorspeisen

Krebs-Pastetchen

Man schmort Schoten-Erbsen mit gehackten Petersilien, dann nimmt man die Krebse, schält die Schweife, schneidet sie in Stückchen und wirft sie zu den Schoten-Erbsen, dann stößt man das Übrige und macht Krebsbutter, davon thut man zu den Schotenerbsen wie auch etwas Sahne, Morcheln, Muscatnuß; dieses alles läßt man ein wenig zusammen aufkochen, dann nimmt man Blätterteig, thut das Dicke von der Farce hinein, die Sauce schüttet man dazu, wenn es halb gebacken ist und bestreicht es ein oder zweimal mit Krebsbutter; man legt den Teig in kleine Blechförmchen, sie bekommen keinen Deckel.

Gänseleber en Babillote

Man nimmt eine schöne große Gänseleber, schneidet das beste in dünne Scheiben, so viel man Babilloten machen will; das übrige nimmt man zur Farce mit einigen Charlotten, Petersilienkraut, Gewürze und etwas Speck, alles fein durcheinandergewiegt, alsdann von Papier Kästchen gemacht, etwa Fingers lang und Gliedshoch, die

Kästchen inwendig mit Butter geschmiert, in jedes Kästchen ein ganz extra dünnes Scheibchen Speck gelegt, dann die Farce, und auf jede Babillote ein Stück Gänseleber, oben drauf gerieben Semmel gestreut, hernach in der Tortenpfanne ein wenig schnell gebacken.

Ragout-Pastetchen

Man nimmt zwei paar schöne Kälberbröschen, schmort sie mit Butter, einer Zwiebel und etlichen Scheiben Zitronen, dann schneidet man sie kleinwürflicht, ein Händchen voll Morgeln auch klein geschnitten, wieder in die nämliche Butter, schneidet die Zitrone und ein Charlottchen klein dazu, eine Messerspitze Mehl, einige Löffel Sahne, etwas Gewürz, sollte es nöthig sein noch ein paar Löffel Fleischbrühe, dann läßt man es schmoren; wenn man es vom Feuer nimmt, rührt man ein Gelb von Ei daran und füllt es in die Pastetchen, wenn sie gebacken sind. Sie werden von Blätterteig gemacht und mit dem dazu gehörigen Blech ausgestochen.

Croquante von Hühnern

Von zwei bis drei recht weiß gebratenen Hühnern nehme man das Fleisch ab, klein würflicht geschnitten, eine gute Chü gekocht, wobei zwei Füße und ein Stück Kalbfleisch sein muß, damit sie eine Festigkeit bekommt, einen Kochlöffel Mehl mit dieser starken Chü zart angerührt und einen halben Schoppen Sahne dazu, dieses zusammen auf dem Feuer bei beständigem Rühren so lange gekocht, bis es die gehörige Dicke hat; wenn es dick genug ist, so kommt das oben gesagte Fleisch dazu, man kann auch noch Kalbsmilchen (Bröschen) würflicht schneiden und dazu thun, wenn man will; dann läßt man es kalt werden; wenn es ganz kalt ist, werden runde Bällchen draus gemacht, diese in geriebene Semmel gewälzt, dann in Eiweis, dann wieder in geriebene Semmel und in einer Kasserole in schwimmender Butter gebacken, etwas ganze Petersilien mitgebacken zum zieren; es wird warm gegessen, als Beilage zum Gemüs, oft aber auch gleich nach der Suppe. Die Chü muß recht gut sein, und man nimmt drei viertel Schoppen Chü dazu; es muß sein wie ein Milchmus, man kann auch etwas Zitronenschale, Saft, Gewürze und Charlottchen dazu thun; wenn die Sahne nicht recht gut ist, kann man noch etwas frische Butter hinzunehmen.

Farchierte Nudeln mit Fülle

Es werden von drei Eiern feine Nudeln geschnitten, in ein Maaß siedender Sahne gut kochen lassen, hernach nimmt man ein Stück Krebsbutter auf einen Kasseroldekkel und läßt es zerfließen, gibt von den Nudeln die Hälfte darauf, auseinandergestrichen, aufs Feuer gestellt, man muß sie öfters los machen, daß sie nicht schwarz werden, wenn sie gut sind, gibt man die Fülle darauf, schlägt die Nudeln von beiden Seiten zusammen und gibt es umgestürzt auf die Schüssel, von der andern Hälfte Nudeln macht man noch eins.
Fülle dazu: Krebsschweife und Kälberbröschen werden in Wasser übersotten, klein würflicht geschnitten, auch Champinions, diese mit Petersilien in Butter gebraten, hernach die Krebsschweife und Kälberbröschen dazu,

noch ein wenig schmoren lassen, etwas Chü dazu, Gewürze, Salz, gut kochen lassen, so ist es fertig.

Eine warme Wildpret-Pastete

Mandle einen Blätterteig, so groß die Form ist, thue fingersdick Farce auf den Boden. Die Farce macht man von Schweinefleisch und Kalbsleber, einige Charlotten, etwas Gewürze, Zitronenschale, Saft und Kapern, alles recht fein durcheinandergehackt; schneide das Wildbret in Stücken, schmore es, etwas mit grobem Speck durchzogen, lege es auf die Farce, zwischen beide einige Zitronenscheiben und etwas Speck gelegt, etwas trocken geröstetes Mehl drauf gestreut, mache einen Deckel von Blätterteig drauf und setze sie in Backofen; wenn sie halb gebacken, mache in der Mitte eine ganz kleine Öffnung und schütte etwas Brühe hinein, welche auf Wildpretart gemacht ist, dann lasse sie ausbacken und sie ist gut.

Eine warme Lachs-Pastete

Nimm den Lachs, schubbe ihn wohl, schneide ihn in Stücken, ein wenig gesalzen und gewürzt, nimm ein Stück davon zur Farce, ein halbes Franzbrot geschält und in Wasser geweicht und wohl ausgedrückt, ein wenig Mark, etwas Charlotten, Zitronensaft und Schale, ein wenig Salz und Gewürze, Petersilien, alles wohl durcheinander gehackt, einen Blätterteig gemandelt so groß die Form ist, dann von der Farce auf den Boden, den Lachs drauf gelegt, etwas gehackte Petersilie, geriebene Semmel und klein geschnittene Zitrone über den Lachs gestreut, die übrige

Farce noch draufgeschüttet, einen Deckel von Blätterteig drauf gemacht; wenn sie halb gebacken, mache in der Mitte eine ganz kleine Öffnung und schütte die Brühe hinein, dann laß sie ausbacken. Die Brühe besteht in ein wenig Mehl, Butter, Fleischbrüh und Zitronensaft. Kurz ehe sie auf den Tisch kommt, etliches Gelb von Ei und Sahne untereinander mélirt und hineingeschüttet, so ist es gut.

Kalbfleisch mit einer Käsekrust und Sauce

Man nimmt eine halbe Zitrone mit Mark und Schale, eine handvoll Charlotten, ein gut Teil Petersilien, etwas Kapern, zwei Sardellen, dieses alles wohl durcheinandergehackt, in einen Tiegel etwas Butter mit einem Eßlöffel Mehl geschmort, dann thue das vorgehende hinein und etliche Mal herumgerührt; dann schüttet man $^1/_2$ Schoppen roten Wein und etwas Fleischbrühe dazu, bis sie in der Dicke recht ist; man nimmt ein schönes Stück Fleisch nach dem Brustkern, kocht es recht zart; eine halbe Stunde vor dem Anrichten lege das Fleisch auf eine Schüssel, bestreue es mit geriebenem Parmesankäse, geriebener Semmel, Pfeffer und ein wenig Salz, stelle es in den Backofen oder gib ihm Feuer oben und unten, bis es eine Rinde hat, dann schütte die Sauce in die Schüssel und lege das Fleisch hinein; man kann diese Sauce auch zu frischem Rindfleisch geben.

Eine warme Hechtpastete

Man nimmt den ausgenommenen Hecht, schneidet ihn in Stückchen, dann nimmt man etwas Kalbfleisch,

Nierenfett, Petersilienkraut, Speck, eine Charlotte, Zitronenschale, ein Franzbrot eingeweicht und ausgedrückt, dieses alles wohl untereinander gehackt, nun nimmt man die Stücken Fisch, frische Champinions, Morcheln, Zitronenscheiben, ein wenig Pfeffer und Muskatnuß und stoft alles zusammen; man macht Blätterteig, entweder eine hohle Pastete, welche man während des Backens mit steifem Papier oder mit einer Serviette ausstopft, oder auch nur einen Boden mit einem Krug, darauf richtet man den Fisch mit allem an.

Trüffel-Ragout

Zu vier Pfund Trüffeln nimmt man $^3/_4$ Pfund ungesalzene Butter, ein Pfund Sardellen wohl gewaschen, die Sardellen mit der Butter wohl verrührt, etliche Charlotten und zwei Zinken Knoblauch klein gehackt und mit gerührt, ein wenig Muskatnuß und weißen Pfeffer mit drunter, und wohl Acht gegeben, daß die Sauce nicht zusammenläuft. Fängt selbige an ein wenig zu kochen, dann thut man die Trüffeln hinein und deckt sie zu. Haben sie einige Mal aufgekocht, so drückt man 5 bis 6 Zitronen drauf, nachdem man gern sauer ißt, auch thut man einige Löffel Provence-Öl dazu, wenn die Trüffeln hinein kommen.

Trüffeln en Babillote

Man kocht sie mit ganzen Nelken, ganzem Pfeffer, wohl Salz, soviel rotem Wein, daß er über die Trüffeln geht; man läßt es eine halbe Stunde kochen, alsdann in dem Wein kalt werden, so ist es gut; man wickelt jeden in ein Papier und setzt sie auf den Tisch.

Croute de Champignons

Die Champignons geschält und rein geputzt, in Wasser und Milch gelegt, damit sie weiß bleiben. Man nimmt ein Stück süße Butter, läßt sie ein wenig schwädmen, hernach eine ganze Zwiebel und Fleischbrühe daran, eine Messerspitze Mehl, etwas Muskatnuß und fein gehacktes Petersilienkraut, läßt darin die Champignons gut stofen. Beim Anrichten thut man die Zwiebel heraus und beobachtet wegen der Sicherheit genau, ob sie schön weiß geblieben ist; rührt drei Eiergelb hinein, daß die Sauce so gebunden ist wie die einer Fricassée. Kleine runde Milchbrote werden auf einem Reibeisen abgerieben, oben ein Stückchen herausgeschnitten, die Brosamen so sorglich wie möglich herausgemacht, in Schmalzbutter gebacken, auf eine Schüssel gesetzt, das Ragout hineingefüllt und warm auf den Tisch gegeben.

Gefüllte Artischoken-Böden

Die Artischoken werden weich gekocht, hernach alle die Blätter abgemacht; nehme das markichte von den Blättern und was man von den Krebsen inwendig brauchen kann dazugethan, auf 6–7 Artischokenböden ein halb Milchbrot, etwas Kalbfleisch, ein wenig Eiweis, das halbe Franzbrot abgeschält und in die Krebsbutter getunkt, etwas Gewürz, einige Charlotten, Salz; dieses alles recht fein untereinander gehackt, die Böden mit Eiweis bestrichen und die Farce einen Finger dick darauf gelegt, aber ganz rund gemacht, dann wieder mit Eiweis bestrichen und in die Krebsbutter gesetzt und so lange schmoren lassen, bis sie gar sind. Bei dem Anrichten ziert man sie mit den Krebsschweifen und Scheren.

Tauben-Fricassée

Die Tauben werden gevierteilt, in Butter gethan, eine Charlotte dazu, keine Zitrone, kein Lorbeerblatt, nur ein wenig weißen Wein, Fleischbrühe daran gegossen, auch etwas Champinions dazu, alles zusammen gut schmoren lassen, dann etwas Mehl daran gestiebt; bei dem Anrichten mit drei Eiergelb abgerührt, so ist es gut.

Kalb- oder Schöpsenfleisch-Carminade

Man nimmt von den Rippen, läßt sich das Geschlumpre abhacken und rechnet auf jede Person eine Rippe. Man zieht alles Häutige ab und klopft das Fleisch ganz klar, schiebt es auf die Mitte des Kochens zusammen, man tunkt es in Eiweiß, legt auf den Rost einen Bogen Papier, begießt es mit Butter und bestreut es mit geriebener Semmel, gestoßenem Pfeffer, Salz und klein gehackten Petersilien, welches man vorher alles mélirt. Nun läßt man es eine halbe oder drei viertel Stunden auf dem Rost braten und begießt es fleißig mit brauner Butter. Man kann Gemüse oder auch folgende braune Brühe dazu nehmen: Man schmort einige klein geschnittene Zwiebeln und etwas Mehl in Butter braun, thut ein paar klein geschnittene und gewiegte Sardellen, etwas Pfeffer dran, ein paar

Lorbeerblätter, Zitronenschale, gehackt und ein paar Scheibchen dran, gießt etwas Wein und dann Fleischbrühe zu, daß sie vollends gut wird. Man kann auch ein paar Champinions dazu thun.

Warme Rebhühner-Pastete

Die Rebhühner werden eingesetzt mit Gewürze und recht guter Fleischbrühe; wenn sie bald weich sind, nimmt man sie heraus und schneidet ihnen die Hälse und alles Gebeine, die man abnehmen kann, ab, nimmt einen Mörser und stößt sie recht klein, läßt ein wenig Butter zergehen, thut ein wenig Mehl hinein und läßt es gelb werden. Alsdann gießt man die Sauce von den Rebhühnern dazu nebst ein wenig Zitronensaft, läßt es damit gar werden nebst etwas rotem Wein, läßt es zu einer dicken guten Sauce kochen, dann schlägt man es durch, thut die geviertelten Rebhühner hinein; wenn die Pastete gebacken, schneidet man einen Deckel heraus, thut die Rebhühner hinein. Die Sauce gibt man a part.

Warme Aal-Pastete

Man schneidet den Aal in Stückchen wie zum Braten und wie wenn er abgekocht ist; nun läßt man Butter gelb werden, läßt den Aal ein bischen schmoren, die Gräten müssen aber heraus sein, ein wenig Zitrone und ein Lorbeerblatt muß mit in die Butter, darinnen läßt man nun den Aal ein wenig schmoren, doch so, daß er nicht ganz weich ist, dann nimmt man den Fisch heraus, hackt etwas Fleisch und eine Charlotte in die Butter und macht eine

Farce davon, streicht es auf den Boden der Pastete, legt den Aal drauf, macht den Deckel drüber und backt sie.

Salat von Geflügel

Man nehme zwei oder drei Hühner oder auch Kapaunen ganz weiß in Fleischbrühe abgebrüht und drinnen liegen lassen bis man sie braucht, alsdann verschnitten und auf eine Schüssel gelegt, dazu gelegt Semmelschnitten, geröstet und in Butter gebacken, ganze Sardellen, hart gesottene Eier in achtel geschnitten, die Herzchen von Salat, der sauber gelesen, aber nicht gewaschen wird; zur Brühe nimmt man eine Hand voll Petersilien, Charlotten, Sardellen, von hart gesottenen Eiern das Weiße so klein wie möglich gehackt, das gelbe auch dazu gerührt, Pfeffer, Salz, Essig, Provence-Öl dazu, unter einandergerührt und so drüber geschüttet.

Crokets

Von zwei gebratenen Hühnern nimmt man das Fleisch und schneidet es kleinwürflicht, dann nimmt man gute Chü, in welcher zwei Kalbsfüße oder sonst ein Stückchen Kalbfleisch gekocht ist, damit es Halt bekommt und einen Kochlöffel Mehl, damit angerührt und einen halben Nössel gute Sahne dazu: dieses zusammen bei beständigem Rühren so lange gekocht bis es dick genug ist, dann kommt das oben gesagte Fleisch dazu. Wenn es kalt ist, runde Küchlein davon gemacht, die in geriebene Semmel gewälzt, dann in Eiweis, dann wieder in geriebene Semmel und in heißer Butter gebacken. Auch etwas Petersilie mit gebacken, um es zu zieren. Es muß heiß gegessen werden. Man gibt sie bei einem Diner nach der Suppe, auch als Beilage zum Gemüse.

Reis mit Käse oder mit Kalbsmilch

Reis mit Käse oder mit Kalbsmilch und Trüffeln (oder Krebsen): Der Reis wird gewaschen, in einer Kasserole mit Butter und Bouillon weich gekocht, durch ein Sieb passiert in einen Topf, ein Stück Butter, sechs Eier, den Reis und geriebenen Parmesankäse dazu, die Form mit Schmalzbutter geschmiert und schön gelb gebacken. Man kann auch den Käse weglassen und ein Ragout von schön würflicht geschnittenen Kalbsmilchen und Trüffeln oder Krebsen machen, den Reis in die Form, in die Mitte das Ragout hinein, oben wieder Reis und so gebacken.

Falsche Austern in Schalen

Sie werden von Heringsmilchen gemacht, diese über Nacht gewässert und mit einem Tuch abgetrocknet, aus einem Milcher können drei bis vier Austern geschnitten werden. In jede Austern-Schale thut man ein Stückchen frische Butter, Muskatblüth, klein geschnittene Sardellen, etwas Zitronensaft, Mutschelmehl, soviel zwischen zwei Finger gethan werden kann, die falschen Austern darauf, von allen genannten Dingen wieder darüber, noch vier Kapern dazu, bratet sie langsam auf einem Rost und gibt sie nach der Suppe mit ganzen Zitronen herum.

Kalbsmilchen-Ragout in Obertassen, gut

Zwei große Milchbrot werden angeschält und in Milch eingeweicht; nachdem mit Milch zu einem dicken Brei gekocht. Zwei paar Kalbsmilchen werden klein geschnitten und in vier Loth süßer Butter mit Charlotten geschwädmet, etwas Salz und Gewürz dazu, alsdann unter den Brei gethan nebst fünf Eiergelb, die fünf Eierweis zu Schnee geschlagen und dazu. Dann nehme man Tassen, bestreue solche mit süßer Butter, fülle sie bis zur Hälfte mit der Masse, setze sie in eine Kasserole mit kochendem Wasser, einen Tortendeckel drauf, lasse sie kochen bis sie gut sind, alsdann stürzt man solche auf die Schüssel und macht eine Krebs-Chü oder andere Sauce darüber.

Ragout von Wildpret, Cotton

Ragout von Wildpret, Cotton, sehr gut: Man läßt ein Stückchen frische Butter heiß werden, dann schneidet man ein Zwiebelchen, läßt dieses schwädmen, dann thut man gehackte Petersilien, Charlotten, Kapern, Sardellen, einen halben Löffel Mehl, ein paar Nelken, Lorbeerblätter, dieses geschwädmet, dann Fleischbrühe oder Bratensauce, Pfeffer, Salz, Zitrone und ein halb Glas Wein dazu kochen lassen, dann die Sauce durch einen Durchschlag laufen lassen, das in hübsche Stücken geschnittene Wildpret hinein und ziehen lassen, so ist es recht.

Glasur zu machen

Die Glasur macht man von Kalbsfüßen und Kalbsknochen; hat man Schweinsknochen oder Füße, so thut man sie auch dazu. Dieses läßt man recht lange kochen. Alsdann läßt man es erkalten, hebt das Fett ab, setzt es wieder auf das Feuer, schlägt zwei Eiweis zu Schnee, läßt es zusammenkochen, aber nicht zu lange, läßt es durch ein Tuch laufen, setzt es dann wieder auf das Feuer und läßt es recht dick einkochen. – Man kann diese Glasur einen ganzen Winter aufheben. Man braucht sie zu Fricandeau, zu gedämpftem Fleisch, zu allem was braun ist; es darf aber kein Gewürz, kein Salz daran, garnichts. Wenn die Speisen angerichtet sind, so bestreicht man sie damit; es bekommt ein schönes Ansehen.

Saure Gelée

Sechs Kalbsfüße, zwei Pfund Rindfleisch, dazu gleich ein halbes Maß Essig und Wasser, bis es darüber geht. Man läßt es kochen und schäumt es von Zeit zu Zeit ab. Dann thut man dazu gelbe Rüben, Zwiebeln, Petersilienwurzel, Sellerie, ein Traubenblatt, ein wenig Thymian, ein wenig Knoblauch, eine geschälte Zitrone, Charlotten, ganzen Pfeffer, ganze Nelken: dieses alles läßt man zusammen einen ganzen Tag kochen. Gegen Abend thut man zwei bis drei Schoppen Wein dazu und läßt es noch zwei Stunden kochen. Dann läßt man es durch ein Haarsieb laufen, hebt den andern Tag das Fett ab, klärt es mit Eiweis und ein wenig Zitronensaft und läßt es durch das Geléetuch laufen. –

Majonäse

Das Geflügel oder der Salm wird in Butter ganz leise abgedämpft; wenn es kalt geworden ist, wird es nett in Stückchen geschnitten. – Etwas Gelée wird aufgesetzt und vergehen lassen, das gelbe von zwei Eiern, ein halb Loth englisch Senfmehl, einen halben Teelöffel weißen Pfeffer, etwas Essig, es soll womöglich Kräuteressig sein, etwas Provencer-Öl und Salz; nach und nach zusammen auf Eis verrührt bis es ganz dick wie Gelée wird. Die Stückchen Fleisch oder Salm damit angestrichen, aufeinander gelegt, und die übrige Sauce noch darüber geschüttet. Die Schüssel wird nun noch ringsum mit Gelée geziert. Man kann auch noch ein paar Salatherzen, rotgefärbte Kartoffeln, kleine Kummern usw. daran thun, doch nur bei Geflügel, nicht bei Salm. In die Sauce kann auch etwas ganz klein gehackte Petersilie kommen.

Kalbsmilchen-Ragout mit Pfannkuchen und Krebsen

Die Kalbsmilchen werden, nachdem sie abgekocht, in Würfel geschnitten und ein gutes weißes Ragout davon gemacht. Zu den Pfannkuchen nimmt man zwei kleine Kochlöffel voll Mehl, drei Eier und einen halben Schoppen süßen Rahm, er darf ja nicht zu dick werden. Wenn er gebacken ist, legt man ihn in einen Suppenteller, füllt das Ragout hinein und schlägt den Rand des Pfannkuchens über das Ragout, daß es hübsch rund wird. Dann stürzt man es auf eine flache Schüssel. – Von einem halb viertel Krebsen hält man Sauce fertig, schüttet diese über die Pfannkuchen, oder neben herum und ziert ihn mit den Krebsschwänzen, es ist eine sehr gute Schüssel.

Aal als Ragout mit Chü

Nachdem der Aal abgezogen ist, wird er in Stücke geschnitten und gesalzen. Man läßt ihn eine halbe Stunde stehen, alsdann kommt er in eine Kasserole, Zwiebel, Pfefferkörner, Nelken, ein Lorbeerblatt, Zellerie, einen halben Schoppen Essig, drei Schoppen Wasser. Man legt den Aal hinein, stellt ihn auf das Feuer und läßt ihn ein paar Mal aufkochen. Alsdann stellt man ihn zugedeckt zum Feuer, bis man ihn bei Tische braucht. Man macht eine Sauce, grade wie die Madeira-Sauce. Statt Madeira kommt roter Wein daran. Kurz vor dem Anrichten legt man den Aal schön auf die Schüssel, aber er muß ausgegrätet werden. Die Gräten lassen sich ganz schön herausnehmen. Hierauf gießt man die Sauce darüber. Diese darf nicht zu dünn sein.

Schinken-Pastete

Schinken-Pastete nach der Suppe: Zwei Pfund Schinken, drei paar Kalbsmilchen, einige geriebene Trüffel, etwas Charlotten, Zwiebel, alles gehackt, geschwädmet, einen Teig wie zur Makaronipastete, eingefüllt und gebacken.

Makaroni-Pastete

Zu einer mittelgroßen Pastete: ein halbes Pfund Makaroni, ein halbes Pfund Chüfleisch und eine Kalbsgeniß von einem Pfund in die Chü, ein Pfund mageren Schinken, ein viertel Pfund recht guten Parmesankäse, ein halb viertel Pfund kleine Morcheln, zwei Trüffeln fein geschnitten, etwas weißen Pfeffer, Salz soviel nötig ist, sechs ganz kleine Bratwürste, ein paar Kälberbröschen in vier Stücken geschnitten; eine Kasserole wird mit Schmalzbutter geschmiert, mit ein wenig Mehl bestreut, einen gemandelten Blätterteig hineingelegt, die Masse hineingethan, den Teig darüber geschlagen und langsam backen lassen.

Majonäse für allerhand

Man nimmt ein bis zwei Eiergelb; etwas Senf, etwas Salz, gießt ganz langsam Öl dazu bis es dick ist; der Löffel muß fast stehen; dann gießt man langsam französischen Estragonessig daran, bis es sauer genug ist; etwas Wein, falls es noch zu dick ist, und etwas Zucker.

Fisch=Speisen

Die Fische, das sind Übergänge,
schon nicht mehr lyrische Gesänge –
will man den Leib nicht sehr belasten,
so ißt man Fisch und nennt es –: Fasten.

Fisch-Tages-Speisen

Fisch blau zu sieden

So der Fisch abgethan, Essig drauf gegossen und an die Luft gestellt, Wasser beigesetzt, etwas Petersilienwurzel, einen Zelleriekopf, eine Zwiebel mit Nelken besteckt, ganzen Pfeffer, ein Lorbeerblatt, Zitronen, etwas Salz, aber ja nicht zu viel, dieses alles wohl untereinander kochen lassen, etwas auskühlen lassen und dann den Fisch dazu gethan, so nicht Essig genug, noch dazu geschüttet und ihn gar kochen lassen.

Aal mit einer Senfsauce

Den Aal bereitet man wie gewöhnlich: Zur Sauce nimmt man zwei hart gesottene Eier, schält und stößt sie mit einem Stück ungesalzener Butter in eine Kasserole, ein wenig Fleischbrühe, die Eier mit der Butter und zwei Eßlöffel Senf dazu, wohl gerührt, aber nicht zu lange kochen lassen, durch einen Durchschlag auf die Schüssel gethan und den Aal drauf gelegt.

Karpfen mit Sauerkraut

Sauerkraut mit Wasser gekocht; wenn es weich ist, gießt man das Wasser ab und schmort es in Butter mit einigen Zwiebelchen, Sahne daran und einkochen lassen. Den Karpfen koche ab und mache ihn in kleine Stückchen, eine Schicht Sauerkraut und dann eine Schicht Karpfen bis es voll ist, das letzte muß Sauerkraut sein, dann geriebene Semmel drauf gestreut, oben und unten Feuer gegeben und gebacken. Man gibt es als Gemüse.

Cabiliau zu kochen

Wenn er nicht gesalzen, muß er nur morgens in lau Wasser eingeweicht, dann wieder heraus und in ein frisches laues Wasser. Das Wasser aufgestellt und wenn die Suppe angerichtet, in schöne große Scheiben geschnitten und hinein gethan. Das Wasser muß aber recht kochend sein, ehe der Fisch hineinkommt, denn der Fisch darf nicht ziehen, er muß ordentlich kochen, nicht länger als eine viertel Stunde, man thut etwas Salz, aber nicht zu viel, dazu.

Fisch-Klößchen

Von einem in Salzwasser abgekochten Fisch oder von übrig gebliebenen Fischen nimmt man die Gräten sauber ab, hackt das Fleisch mit etwas Zitronenschale, Petersilien und zwei gebackenen Eiern, thut es in einen Kumpen, übergießt eine Hand voll feines Weckmehl und zwei Loth zerlassene Butter und rührt es mit drei Eiergelb, Salz und Muskatnuß an; sollte der Teig zu fest sein, so wird von einem oder zwei Eiern das Weiße zu Schnee geschlagen und daran gerührt. Die Klöße macht man klein und siedet sie in Fleischbrühe.

Grundeln zu backen

Schlag Eier aus, laß die Grundeln saugen und wälze sie in den Eiern um; nimm geriebene Semmel, Griesmehl, Nelken, ein wenig Pfeffer, alles wohl untereinander, wälze die Grundeln darin und backe sie schön gelb und langsam in Schmalzbutter.

Gebackener Karpfen

Wenn der Karpfen recht rein gewaschen und in Stücke geschnitten ist, legt man ihn auf eine Schüssel, streut Salz darauf und läßt ihn stehen bis er gebacken wird; dann trocknet man ihn mit einem Tuche ab, thut auf einen Teller Mehl, Griesmehl, ein wenig gestoßene Nelken, macht es untereinander, wälzt den Karpfen drin herum und backt ihn in Schmalzbutter.

Gedämpfte Karpfen

Wenn der Karpfen abgeschuppt ist, wird er in Stücken geschnitten und mit einer Teetasse Weinessig begossen, alsdann wird ein halb viertel Pfund Butter mit einem Stückchen Speck zerlassen, darin muß der Karpfen eine viertel Stunde schmoren, hernach wird ein einhalb Eßlöffel Mehl hinein gestaupt und der Essig, worin der Karpfen gelegen, dazu gegossen, 1 Schoppen roter Wein, einhalb Schoppen gute Fleischbrühe, zwei Zwiebeln, eine Zitrone, eine gelbe Rübe, 1 Wurzel, ein halbes Stück Zellerie, 4 Stück Nelken, zwölf Pfefferkörner, fünf Lorbeerblätter, das alles muß mit dem Karpfen kochen bis die Brühe gut ist. Bei dem Anrichten wird der Karpfen auf die Schüssel gelegt, die Brühe durchgeschlagen und über den Fisch gegossen.

Hecht abkochen

In eine Kasserole Wasser gethan, eine Zwiebel mit Nelken besteckt, ganzen Pfeffer, Petersilienwurzel, auf jedes Pfund Fisch eine Hand voll Salz, zusammen wohl kochen lassen und dann den Fisch hinein gethan; wenn man ihn hineinthut und will ihn kalt essen, noch ein wenig Essig dazu, wenn man ihn aber warm essen will, läßt man das Gewürze und den Essig weg.

Hecht auf der Schüssel

Man läßt Butter auf einer Schüssel zergehen, die Hechtgen werden ausgenommen und auf die Schüssel in die Butter gelegt, werden nur begossen und auch umgewandt, alsdann ein wenig Fleischbrühe zugegossen nebst etlichen Zitronenscheibchen, unten und oben Feuer gegeben, die Brühe darf nicht zu lang und zu kurz sein.

Stockfisch im Ofen

Thue den Stockfisch sauber putzen und schuppen, hernach sieden im Wasser, dann thue die schönsten Stücke auf eine Schüssel legen, was die kleinen Bröckeln sind ohne Gräten, thue sie in eine Kasserole mit etlichen feingeschnittenen Charlotten wie auch eine Zwiebel, Petersilie, ein wenig Basilicum und Thymian, thue alles zusammen auf dem Feuer possiren, thue es nachdem auf einem Schneidbrett klein schneiden, gib dazu ein wenig fein geriebene Semmel, etliche Eidotter, Pfeffer, Salz, ein wenig Muskatnuß, mische diesen Fasch wohl zusammen, nimm hernach eine Tortenpfanne oder auch die silberne Schüssel, wo du servieren willst, bestreiche den Boden mit frischer Butter und hernach mit der Stockfischfasch, lege hernach die Stücke Stockfisch darauf, nachdem belege es wiederum mit Fasch und wiederum mit Stockfisch, so fort, bis es genug ist, auf eine Schüssel zu haben, auf die letzt begieße es mit Butter und bestreue es mit geriebener Semmel, setze es in den Backofen, laß es gehen, bis er oben eine schöne Farbe bekommt, und servire ihn hernach zur Tafel.

Eine Pastete von Schellfisch

Nachdem der Fisch sauber geputzt ist, thue ihn in schöne Stücke zerschneiden und gut einsalzen. Ein paar Stunden stehen lassen im Salz; thue hernach in eine Kasserole ein Provenceröl mit feinen Kräutern und Charlotten, Kapern, Sardellen, alles fein geschnitten, wie auch das Mark von einer Zitrone blattelweis geschnitten, laß es miteinander auf dem Feuer ein klein wenig possiren, thue hernach den Fisch mit einem Tuche abtrocknen, und lege ihn hernach zu diesen Kräutern, und laß ihn ein klein wenig auf beiden Seiten anziehen und hernach kalt werden; den Fasch machen, wie vorher schon gemeldet, mache auch die Pasteten und laß sie nur eine Stunde im Ofen backen.

Ein Pastete von Stockfisch

Diese wird auch von Butterteig (siehe unter: Backwerk) gemacht. Schneide eine gute Portion Zwiebeln dünn blattweis, tue sie in eine Kasserole mit einem Stück frischer Butter, laß sie wohl possiren, thue hernach einen Löffel voll feines Mehl dazu, und fülle es mit gutem süßen Rahm an; rühre es auf dem Feuer ab und lasse es wohl verkochen. Siede den Stockfisch, wie es sich gehöret, gieße ihn in einen Seiher (Durchschlag), damit das Wasser wohl davon gehet; nimm hernach in kleinen Stückchen nur das Weiße heraus, thue ihn in die Sauce, und salze ihn wie es sich gehöret, ein wenig Pfeffer und Muskatnuß, schneide ein wenig Petersilie fein daran; ist es Zeit zur Tafel, lasse ihn aufkochen, thue ihn lagiren mit etlichen Eierdottern und richte ihn in die Pastete und servire.

Eine Pastete von Schleie

Nimm die Schleien, wirf sie gleich in siedend Wassern, laß sie aber nicht kochen sondern nur brühen, thue sie wieder heraus, schabe die Haut ab mit einem Messer, wasche sie wieder in kaltem Wasser aus, dann mache die Schleien auf, nimm das Eingeweide heraus und lege sie in ein sauber Geschirr, thue ein Stück Butter, Salz, gestoßen

Gewürz, etwas Zitrone, klein geriebene Semmel und etliche Löffel Wein dran; man kann auch Sardellen oder Kapern, wenn man will, dazu thun. Alsdann mache einen guten Teig und formiere eine Pastete, mache die Schleien mit dem zugehörigen untereinander, fülle sie in die Pastete, decke solche zu, mache sie fertig, bestreiche sie wie alle Pasteten, hernach schließe sie in einen heißen Ofen, laß sie drei viertel Stunden schön herausbacken, so ist sie recht.

Pastete von Karpfen

In einer schwarzen süßen Sauce: Nimm Karpfen, ein, zwei oder mehr, je nachdem die Pastete groß sein soll, schuppe sie sauber, hernach wasche die Karpfen ab, reiße sie auf, vergalle sie aber nicht; wenn das innere heraus ist, so gieß ein wenig Essig in den Karpfen, fülle das Geblüt oder Schweis heraus in ein sauber Geschirr, zerschneide sie zu Stücken, lege sie in das Geblüt, gieß ein wenig Wein darein, thue Salz, gut gestoßenes Gewürz, gestoßene Nägelin, ein Stück Zucker und geschnittene Zitrone daran, gieß ein paar Löffel Wein und ein wenig Weinessig darauf, nimm Schmalz in eine Pfanne, mache es heiß, röste einen Löffel voll Mehl braun darin, thue dieses, wenn es braun ist, an die Karpfen. Alsdann mache einen guten Teig, formiere eine Pastete, fülle die Karpfen darein, mache sie fertig wie man allgemein zu verfahren pflegt, thue sie in einen heißen Backofen und laß sie eine gute Stunde backen, daß sie aber nicht braun werden, so ist es recht.

Fisch-Vorzugs-Speisen

Salmen zu backen

Man kerbe den Salmen durchaus in einer zwei Finger breiten Entfernung, jedoch so, daß er zusammenbleibt, lege in jeden Einschnitt 2 Sardellen, 2 Scheibchen Zitrone, Pfeffer, Salz, den Saft einer Zitrone drücke darüber, thue ihn alsdann auf eine Schüssel in den Ofen und begieße ihn mit Butter, thue aber über selbigen ein mit Butter angeschmiertes Papier, damit er zusammenbleibe, und man nicht sehen kann, wo man ihn eingeschnitten hat, lasse ihn auch nicht zu schnell backen, damit er nicht zu gedörrt aussieht, sondern seine natürliche Farbe beibehält. Eine gute französische Brühe macht man hierzu.

Einen schwarzen Karpfen zu kochen

Der Karpfen wird geschuppt, die Ohren herausgenommen, recht sauber gewaschen, hernach ausgenommen und mit rotem Wein ausgewaschen, den Schweis thut man in ein klein Geschirr sammt den Milchen. Der Karpfen wird verschnitten und gleich in eine irdene Schüssel gelegt, wenn man die Zeit hat, assaisonnirt man ihm eine halbe

Stunde vorher, Salz je nachdem der Karpfen groß ist, Pfeffer, Muskatnuß, etwas Gewürznelken, etwas fein Gekräut, Basilikum, Tymian und Majoran; es muß aber nicht viel sein, damit es keinen Vorgeschmack gibt. 3 Zinken Knoblauch, eine gute Portion fein gehackte Charlotten, 8 bis 10 ganz kleine Zwiebeln in Butter geröstet, dies alles thut man unter den Karpfen; wenn der Karpfen ungefähr 4 Pfund hat, nimmt man einen Löffel voll Mehl, läßt es mit frischer Butter schön braun rösten, hernach schüttet man etwas Wasser dazu und läßt es in dem nämlichen Topf ganz langsam kochen, dann rangirt man den Karpfen in die Kasserole, schüttet den Schweis mit den Milchnern dazu. In das geröstete Mehl nimmt man ein halbes Maß weißen oder rothen Wein, einen guten Löffel voll Wasser, einige Rinden Schwarzbrot und läßt es recht schnell kochen, sonst wird der Fisch weich; wenn er halb gar, thut man drei bis vier klein gehackte Sardellen dazu, ein Stück süße Butter thut man auch gleich hinein, wenn man es zusetzt.

Lachs mit rothem Wein

Nimm vier Pfund in einen Topf, schütte ein Maß rothen Wein darüber, etwas ganzen Pfeffer, Zwiebel mit Nelken besteckt, etwas ganzen Muskatblume, Petersilien mit Wurzel, Lorbeerblätter zusammengebunden, dreiviertel geschälte Franzbrot, mit einem festen Deckel zugedeckt und auf ein schnell Feuer, daß es recht kocht. Wenn der Fisch gar ist, thue ihn auf eine gewärmte Schüssel und decke ihn zu, $^3/_4$ Pfund ungesalzene Butter in die Brühe und laß kochen bis sie dick wird, dann schlage sie durch. Sollte der Fisch unterdessen Brühe gezogen haben, so schütte sie weg, auf diese Art ist er recht gut. Den Fisch vorher in Wasser mit einer Handvoll Salz gelegt.

Lachs mit einer gelben Sauce

Den Lachs kräftig abgekocht. – Zur Sauce: Ein Stückchen ungesalzene Butter in Mehl gewälzt, soviel es annimmt. 4 Sardellen zusammen vergehen lassen, ein Glas Wein, alles zusammen gekocht; beim Anrichten 4 Eiergelb, von einer Zitrone den Saft dazu gedrückt, den Lachs auf die Schüssel, die Brühe oben drauf.

Gefüllten Karpfen

Man zieht ihm die Haut ab und nimmt das Fleisch am ganzen Fisch, vom Kopf bis auf den Schweif, hackt es ganz klein; nach Proportion der Größe des Fisches nimmt man ein bis zwei eingeweichte und ausgedrückte Franzbrot dazu, etwas Rindsmark, auch etwas Speck, einige Charlotten, etwas Muskatnuß und Pfeffer, eine halbe Zitrone mit Saft und Schale, einige Sardellen, drei Eier, dieses alles wohl untereinander gehackt, dann schmiert man eine Tortenpfanne mit Butter, ein wenig geriebene Semmel unten hin, schmiert den Fisch auf der einen Seite mit der Farce, legt ihn auf die geschmierte Seite der Pfanne, alsdann die übrige Farce auf die andere Seite, formiert es zu einem Fisch, bestreut es mit geriebener Semmel, legt hie und da ein Stückchen Butter hin, giebt oben und unten Feuer und läßt es backen. Man gibt eine Sardellen-Sauce dazu.

Klöße von Karpfen

Man nimmt einen Karpfen; Haut, Gräten, Kopf, Schwanz thut man weg und stößt das Fleisch. Ist es halb zerstoßen, so nimmt man ohngefähr ein halb Pfund Fett, wo gar keine Haut an ist. Ochsenmark so dick wie ein kleines Ei, Salz, Pfeffer, kleine Kräuter, und stößt alles wohl, dann gießt man dazu etwas Suppe, nicht mit Brot, sondern einen Schoppen Milch und einen guten Löffel voll Mehl. Diese Suppe wird gekocht wie Kinderbrei, nur viel dicker.

In diese dicke Suppe verrührt man 3 Eiergelb, gießt sie dann auch in den Mörser und stößt wieder. Diesen Teig läßt man eine halbe oder ganze Stunde lang steigen, thut dann die 3 Eierweis zu Schnee zerschlagen dazu und zerschlägt es wohl, um es untereinander zu mischen. Nun macht man länglichte Klöße, die dünn mit Mehl bestreut werden und wirft sie in eine Kasserole mit kochender Fleischbrühe. Sie gehen unter und sobald sie wieder herauf kommen, sind sie gar. Dann läßt man sie ungefähr $^1/_4$ Stunde lang in der Brühe, die man von dem übrigen Fische macht und die durchgeschlagen wird, kochen; man kann etwas Chü dazu nehmen. Die Fleischbrühe, in der man die Klöße gekocht hat, ist nicht verloren, man thut sie wieder in den Topf und sie ist sehr gut. Hat man keine Fleischbrühe, so nimmt man siedendes Wasser. Nimmt man statt Karpfen Hecht oder sonst einen Fisch, so ist es umso besser.

Brühe dazu: Man läßt alles, was vom Fische übrig ist, kochen, mit Zwiebeln, gelben Rüben, Pfeffer, Salz und ein wenig Butter.

Ist die Brühe gemacht, so schlägt man sie durch und läßt sie noch einmal in der Kasserole kochen. Wenn sie recht gekocht hat, wirft man die Klöße hinein und läßt sie drei viertel Stunden lang kochen.

Auflauf von Karpfen

Auflauf von Karpfen, gut: Der Karpfen wird von Haut und Gräten gelöst, dann ganz klein gehackt, dazu ein wenig Petersilien und Zwiebeln, vier geschälte Milchbrot, zwei ganze Eier und drei Eiergelb, ein Stückchen Butter, Pfeffer, Salz, das alles recht gestoßen; zum Füllsel nimmt man ein paar Kalbsmilchen, die Milch vom Karpfen, etwas Morcheln, dieses würflicht geschnitten, Krebsbutter in einen Topf gethan, dazu ganz fein geschnittene Zwiebeln, Petersilie, etwas Mehl, das Füllsel, ein wenig Fleischbrühe und kochen lassen. Eine Kasserole mit Butter geschmiert, auf den Boden ein Papier gelegt, von dem Gehackten hinein gethan und so viel zurückbehalten, daß oben zugeschmiert werden kann, in die Mitte das Füllsel, von dem übrigen drüber gelegt, mit Weckmehl bestreut und im Ofen oder in der Tortenpfanne gebacken, ungefähr eine Stunde. Wenn es umgestürzt ist, wird es mit den Krebsschwänzen geziert und eine Krebssauce dazu gegeben. Man kann auch, wenn man keine Krebse hat, eine Sardellen-Sauce, oder eine Sauce von Chü dazu geben.

Forellen in rothem Wein

Man thut die Forellen, wenn selbige abgethan, mit rothem Wein auswaschen und läßt sie drinnen liegen, thue Gewürzel, Zwiebeln, Nelken, Blume, Franzbrotrinde nach Gutdünken daran, die Fische nebst dem Wein in einen Topf gelegt und kochen lassen bis sie gar sind, dann thut man die Forellen heraus und läßt die Sauce noch ein wenig einkochen.

Forellen schön blau zu sieden, kalt

Man schüttet halb Wein halb Essig und halb Wasser in eine Pfanne, thut eine gute Hand voll Salz und ein gutes Theil ganzen Pfeffer dazu, läßt es wohl miteinander kochen. Indessen schneidet man die Fische auf bis an die letzte Floßfeder, wäscht sie sauber aus, thut sie in eine flache Schüssel, schüttet Essig nach Gutdünken drüber und stellt sie in die durchziehende Luft. Hernach thut man sie nebst einer Hand voll Petersilien in obgemeldete siedende Brühe, deckt sie fest zu und läßt sie kochen bis die Augen herausfallen wollen. Alsdann zieht man die Pfanne vom Feuer zurück, läßt aber die Fische noch eine gute Weile zugedeckt drinnen liegen, nimmt sie sonach heraus und legt sie auf die Bäuche in eine mit Petersilien gezierte Schüssel.

Hecht-Ragout

Der Hecht wird gespalten, eine Hälfte schneidet man in Stücken, die andere Hälfte macht man alle Gräten heraus und hackt es recht fein mit etwas Muskatnuß, etwas geschälte Semmel in Milch geweicht und recht ausgedrückt; Eier nach Gutdünken, alles sehr fein gehackt: von dieser Masse Klößchen gemacht, mit geriebener Semmel bestreut und in kochende Fleischbrühe gethan, die Stückchen Hecht nebst dem Kopf abgekocht, den Kopf in die Mitte, den andern Fisch und die Klößchen drum herum, eine Sardellenbrühe drüber gegossen, so ist es gut.

Hecht a la Tartare

Der Hecht wird von den Gräten abgelöst und in Portionen geschnitten, der Kopf und die Gräte wird zerhackt und gar gekocht mit zwei Schoppen Chü, einen Schoppen Wein, etliche Scheiben Zitronen, Zwiebeln, Nelken und Salz; wenn es gar ist, thut man es in einen Durchschlag und drückt es recht durch. Dann nimmt man einen Löffel voll Mehl und röstet es gelblicht in einem Topf, schüttet alsdann die Brühe vom Kopf und der Gräte dazu und läßt es zusammen aufkochen bis es dicklicht wird, dann ist es fertig. Nun schmiert man eine blecherne Schüssel mit Butter aus, legt immer eine Lage Fisch und eine Lage Trüffeln, schüttet die Brühe drüber, läßt es kochen bis der Fisch gar ist, dann kann man es anrichten.

Badischer Hecht

Badischer Hecht, eine sehr gute Schüssel: Der Hecht wird vom Kopf bis zum Schwanz aufgeschnitten, ausgegrätet und die Haut abgezogen. In eine Pfanne kommt etwas frische Butter, der Hecht wird draufgelegt und andere frische Butter, in welcher vorher einige Zwiebeln etwas geröstet worden sind, wird drüber gegossen. Dann wird Pfeffer und Salz, Weckmehl, saurer Rahm und geriebener Parmesankäse drauf gestreut und eine halbe Stunde in einem recht heißen Ofen gar ziehen lassen, dann angerichtet, in der eigenen Sauce, keine andere wird dazu gegeben.

Hecht in grüner Sauce

Man nimmt ausgegräteten Hecht, schneidet ihn in länglichte Stücke, thut Salz und Pfeffer drauf und legt ihn in eine Pfanne mit frischer Butter, worin er garkochen und gewendet werden muß. Sind die Stückchen schön weiß, so läßt man sie in der Butter erkalten. – Zur Sauce nimmt man auf zwei Pfund Hecht 4 rohe Eiergelb, etwas englischen Senf, Salz, Pfeffer, Provenceröl, Drachantessig und etwas gut gekochte Fleisch-Gelée. – Dann hackt man etwas Petersilien, Drachant und Spinatblätter recht fein, läßt sie in Salzwasser aufkochen, doch muß die grüne Farbe bleiben, und treibt alles durch ein feines Haarsieb. Dieser grüne Saft kommt zu der Sauce. Dann thut man etwas davon in eine Auflaufform und den Hecht zierlich darauf, dann wieder Sauce und so fort, bis alles in der Form ist, doch dürfen die Stücken Hecht die Form neben nicht berühren. – Ist das ganze an einem kühlen Ort recht steif geworden, taucht man die Form vor dem Stürzen einen Augenblick in warmes Wasser, und verziert den grünen Berg noch damit. Gelée neben auf die Schüssel. Es ist ein schön aussehendes und sehr wohlschmeckendes Gericht.

Frikassierter Aal

Man nimmt einen Aal von 3–4 Pfund, nachdem man viel braucht; der Aal wird abgezogen, mit einem Tuch wohl gereinigt, eine Stunde vorher mit Salz bestreut, dann den Aal Stück für Stück in Mehl gewälzt, Butter in die Kasserole gethan, nebst einem kleinen Päckchen zusammengebundenen Petersilien und Timian; den Aal in der Butter gelblicht geschmort, alsdann gute Fleischbrühe zugegossen, eine Stunde vor dem Anrichten klein gehackte Petersilie daran gethan; das Päckchen nimmt man heraus und beim Anrichten mit 3 Eiergelb abgequerlt.

Gebratener Aal mit einer Sauce a la Tartare

In eine tiefe Schüssel thut man ein Töpfchen Senf von Maille, verrührt ihn recht zart mit extra gutem Olivenöl und ohngefähr ein gewöhnliches Glas weißen Wein, dazu rührt man zerlassene Sardellenbutter, ganz klein gehackte Kapern, etwas Lauchzwiebeln oder Charlotten, Petersilien, Körbel und Drachant, alles recht fein gehackt; wenn das Ganze recht verrührt ist, thut man Salz, Pfeffer und ein halb Glas Essig dazu, nun nochmals recht verrührt und über den Aal geschüttet; es wird kalt gegessen.

Matelotte von Fischen

Man nimmt Karpfen, Hecht und Aal, verschneidet ihn in Stücken, fängt auch den Schweis. Dann schmiert man eine Kasserole mit süßer Butter, thut den Fisch hinein, ganze Nelken, gemahlenen Pfeffer, Petersilienkraut und Wurzel, Charlotten, Zwiebeln, Lorbeerblätter, Salz, den Schweis und ein Stück Butter, schütte Fleischbrühe dazu und laß es kochen. Dann röste Mehl und Zwiebelchen in

Butter gelblich, thue es dazu und laß es fertig kochen. Beim Anrichten thut man Sardellenbutter daran und schlägt die Sauce durch.

(Die Vorzugs-Fisch-Pasteten sind bereits unter dem Abschnitt: »kleine Vorzugs-Speisen und Vorspeisen« aufgeführt.)

Fleisch-Speisen

Schweinsbraten kann ein Jeder machen
drum folgen hier die bessern Sachen.
Dazu bedarfs mehr Kunst und Mühe –
vor allem: Achtung auf die Brühe!

Fleisch-Speisen

Rindfleisch mit Rahm, gut

Man klopft ein Schwanzstück tüchtig den Abend ehe man es essen will, damit es recht zart wird, wälzt es auf allen Seiten in Mehl herum, setzt es in einen breiten Topf mit etwas Wasser, Lorbeerblätter, Zwiebeln, gelbe Rüben, etliche Scheiben Zitrone, etwas ganzen Pfeffer und Nelken auf glühende Asche und läßt es so die Nacht durch ziehen. Morgens stellt man es an gelindem Feuer bei, schöpft zwei Stunden vor dem Anrichten das Fett ab und schüttet eine Stunde vor dem Essen einen halben Schoppen süßen und einen halben Schoppen sauren Rahm darüber. Die Brühe siebt man durch und gibt sie zu dem Fleisch herum.

Eingesetztes Ochsenfleisch

Von dem mittleren Schwanzstück wird das beste Stück herausgeschnitten, mit kaltem Wasser gewaschen und in eine Kasserole gelegt, in welche zuvor folgendes hineingethan wurde: Eine in Scheiben geschnittene Zwiebel, eine in Scheiben geschnittene gelbe Rübe, ein Lorbeerblatt, einige Nägelin und ebenso viel Pfefferkörner. Alsdann wird die Kasserole so weit mit kaltem Wasser gefüllt, daß das Fleisch ungefähr zum dritteil darin liegt. Nun werden oben auf das Fleisch zwei Eßlöffel Fett gelegt und zweimal so viel Salz, als man ungefähr zwischen den Fingern halten kann. Die Kasserole wird mit einem fest schließenden Deckel zugedeckt und ans Feuer gestellt; je nachdem es sich einkocht, wird Wasser nachgeschüttet. Eine Stunde vor dem Anrichten darf das Fleisch so braten, daß es an der Kasserole anliegt, muß aber dann immer sorgfältig gewendet werden. Das Fleisch wird ungefähr drei Stunden vor dem Essen beigesetzt.

Boeuf a la mode oder gedämpftes Rindfleisch

Man nimmt das hinterste Pasteten- oder mittelste Schwanzstück, – klopft es recht weich, schneidet grobe Stücke Speck, wälzt sie in Pfeffer und Salz und zieht sie durch das Fleisch, thut dazu zwei bis drei Zwiebeln mit Nelken besteckt, eine gelbe Rübe, ganze Pfefferkörner, Lorbeerblätter, Zitronenscheiben, eine Obertasse Essig und eine Obertasse Wasser, streut ein wenig Salz darüber, thut es in einen Tiegel, kleistert den Deckel drauf, stellt es den Abend vorher auf glühende Asche und läßt es die Nacht durch ziehen. Um 9 Uhr des Morgens deckt man es auf und wendet das Fleisch herum, um 10 Uhr hebt man das Fett ab und schüttet einen Schoppen Wein dazu, auch etwas geriebenes Schwarzbrot, beim Anrichten hebt man das Fett noch einmal ab, schlägt die Sauce durch und wirft klein würflicht geschnittene Zitronenschaale drüber.

Boeuf a la mode in feiner eigenen Sauce

Man nimmt die ungedeckte Rippe, klopft und spickt sie wie das andere Boeuf a la mode, macht es Abends vorher mit einem Lorbeerblatt, ein paar Zwiebeln mit Gewürznelken besteckt, ein wenig ganzen Pfeffer und Salz, eine Obertasse Wasser, man macht es auch Morgens auf, wendet es um, schüttet das Fett ab und läßt es hernach auf gelindem Feuer kochen.

Gespicktes Rindfleisch auf englische Art

Gespicktes Rindfleisch auf englische Art: (eine sehr gute Speise): Man bestellt bei dem Metzger das ganze Pastetenstück, löst die Knochen ab und schneidet alle Muskeln ab, so daß ein längliches Stück bleibt, klopft es recht sehr und spickt es recht fein und schön; dann schneidet man ungefähr ein Gescheid Zwiebel in eine Kasserole etwa drei Finger hoch, schneidet das abgelöste Fleisch in kleine Stücke und thut dieses nebst vier Pfund Kalbsgeniß auf die Zwiebeln, hernach das gespickte Fleisch drauf und Wasser drauf gegossen, daß es an das Fleisch geht und zugedeckt kochen lassen; nach einer halben Stunde schlägt man die Brühe durch einen groben Durchschlag in eine andere Kasserole, dann wieder anders Wasser darauf gegossen und wieder kochen lassen, immer so fort bis das Fleisch recht weich ist; dann die durchgetriebene Chü recht einkochen lassen bis sie ihre gehörige Dicke hat; bei dem Anrichten von zwei Zitronen den Saft dazu gedrückt, das Stück Fleisch auf die Schüssel gelegt, etwas Chü drüber gegossen, die übrige in einem Brühnäpfchen dazu herumgegeben. Das Fleisch muß ganz weich und zart sein wie Butter, sonst ist es nicht ganz gut, das rechts Klopfen trägt sehr viel dazu bei.

Lendenbraten in brauner Sauce mit Essig

Wenn um ein Uhr gegessen werden soll, so macht man ihn früh um acht Uhr bei einer Kasserole voll kalten Wassers. Der Lenden fünf bis sechs Pfund schwer, vier dicke Zwiebel in Stücken geschnitten, vier Charlotten, einige Gewürznelken, ein wenig Zimmt, Pfeffer, Salz und ein Glas voll Essig, dies läßt man zusammen kochen, indem man das Fleisch oft wendet, bis das Wasser eingekocht ist, dann thut man es heraus und thut in die Kasserole eine gute Hand voll Weckmehl und ein Löffel voll Mehl, welches mit den Zwiebeln und dem wenigen Fett, das geblieben ist, eine braune Brühe gibt, welches man rührt, wie man gewöhnlich die braunen Brühen rührt. Die Zwiebeln werden wohl zerdrückt; wenn es braun ist, thut man warmes Wasser dazu, und nachdem diese Sauce recht gut gekocht hat, thut man den Lenden wieder hinein, um ihn warm zu halten bis aufgetragen wird; man muß die Brühe kosten, um zu bemerken, ob genug Essig daran ist. – Man kann auf dieselbe Art auch ein kleines Stück Rindfleisch kochen, wo man dann alles in gleichem Verhältnis nimmt.

Beef-Stackes

Man nehme den Lenden, schneide ihn in gut fingerdikke Scheiben, klopfe sie recht tüchtig, lege sie aufeinander und streue Salz dazwischen, so läßt man sie 4 bis 6 Stunden liegen, dann macht man ein recht starkes Kohlenfeuer unter dem Rost, tunke sie in zerlassene Butter, oder wenn man Fleisch auf dem Feuer hat in das oben schwimmende Fett; lege sie auf den Rost und wende sie einige Male unter beständigem Wind machen, damit das Feuer recht glüht. Sie brauchen nur fünf Minuten, um gut zu sein. Man giebt Kartoffeln auf verschiedene Art zubereitet dazu, am besten schmecken sie in Butter geröstet dazu. Dieses ist auch die schmackhafteste Art, um Kalbs- und Hammelskoteletten zu bereiten.

Roulette von Rindfleisch

Man läßt sich von dem Metzger von dem hintersten Schwanzstück – es muß sehr zart sein – lange dünne Scheiben schneiden, so fein als möglich, darauf läßt man das Fett ab, klopft sie, legt auf die Mitte ein wenig frische Butter, Pfeffer und Salz, rollt es fest zu und steckt ein Hölzchen durch; dann läßt man gesalzene Butter zergehen, läßt Mehl drin bräunlich werden, aber nicht kochend, und legt die Rollen, nachdem man sie in Mehl gewelgert hat, hinein; deckt sie zu und läßt sie ungefähr vier Stunden schwädmen. Man gießt etwas gute Fleischbrühe dazu, ein Charlottchen und ein paar Sardellen; es muß braun und etwas knusperig sein. Beim Anrichten gießt man die Brühe, in der es ist, darüber.

Rahmfleisch

Eine ungedeckte Rippe von cirka 3 Pfund in eine Kasserole auf gelindes Feuer gethan, ein paar Zwiebeln geschnitten, einige Lorbeerblätter, etliche Scheiben Zitrone, etwas Pfeffer und Salz, behebt zugedeckt und langsam kochen lassen, daß es ein wenig gelblicht wird; beim Anrichten Rahm nach Gutdünken hinein gerührt.

Rostbraten in brauner Sauce

Rostbraten in brauner Sauce, Wien, sehr gut: (Rostbraten heißt dasjenige Stück Rindfleisch, was an den Rippen angewachsen ist; dasselbe, was man vom Kalb zu den Koteletten verwendet; ein Rostbraten ist eine durchschnittene Rippe, von der der Knochen weggeschnitten ist). Drei Schnitten Rostbraten werden rein ausgewaschen und mit dem flachen Messer ein wenig geklopft. In eine kleine Kasserole (in der Weite wie ein kleiner Teller) legt man mehrere Scheibchen Speck, dann in folgender Ordnung: zwei Zwiebeln, ein Stückchen Sellerie, einige Petersilienwurzeln und eine gelbe Rübe, alles in Stücke geschnitten darauf gelegt; dann einige Körner Piemont, ein paar Gewürznelken, etwas ganzen Pfeffer, ein klein wenig Bohnenkräutchen, ein Lorbeerblatt, und wenn man will, thut man auch ein Stückchen Zitronenschale dazu. Die Rostbraten werden einzeln etwas gesalzen und zuletzt darauf gelegt; dann stellt man das Gefäß auf Kohlen oder auf eine heiße Herdplatte, wo es langsam ziehen und angehen muß (das heißt, daß der Saft etwas braun werden muß). Ist das Fleisch weich, so wird es herausgenommen; dazu braucht es wohl eine gute Stunde. Das in dem Gefäß befindliche Wurzelwerk, welches ganz weich gekocht ist, wird durcheinander gerührt, dann zwei Kochlöffel voll Mehl hinein verrührt und Bouillon oder Chü, was man eben hat, und etwas Essig dazu gegossen, so viel man Sauce braucht. Man läßt dies etwas aufkochen und passiert es durch ein Haarsieb. Eine Stunde vor dem Anrichten stellt man die Sauce wieder auf das Feuer, gibt ein paar Eßlöffel sauren Rahm dazu, legt dann den Rostbraten, den man in kleinere Stücke geschnitten hat, hinein, und läßt alles wieder recht heißt werden, so ist es recht.

Rostbraten in brauner Sauce

Rostbraten von Wien, sehr gut: Die Rostbratl werden mit dem flachen Messer oder hölzernen Schlegel gut geklopft und etwas gesalzen, dann in eine Kasserole gethan, in welcher man vorher ein Stück Butter oder reines Fett hat zergehen und heiß werden lassen. Man stellt das Gefäß auf Kohlen oder auf eine heiße Herdplatte und läßt die Rostbratl dünsten; zuweilen gibt man ein klein wenig Bouillon dazu, aber immer wenig, denn sie dürfen nicht viel Sauce haben, nur dürfen sie sich auch ja nicht anlegen. Wenn die Rostbratl weich sind, nimmt man sie aus dem Saft heraus, schneidet dann etwas junge grüne Petersilie, etwas Zwiebel, einige Champignions, einige gereinigte Sardellen und ein wenig Zitronenschaale mit dem Hackmesser recht fein zusammen, gibt dieses in den Saft, gießt eine Kaffeetasse sauren Rahm dazu, läßt es aufkochen, legt dann die Rostbratl wieder hinein, läßt sie heiß werden und serviert sie dann in dieser Sauce.

Farchierter Rostbraten

Von Lendenbraten werden fingerdicke Schnitten geschnitten, gut geklopft und gesalzen, mit Eiweis um den Rand bestrichen, in der Mitte das Farsch, wieder eine

Schnitte Fleisch darauf gelegt, schön rund gemacht, mit Butter begossen und geriebener Semmel bestreut, auf dem Rost gebraten, wenn es angerichtet wird, glacirt, mit gehackter Petersilie bestreut und eine braune klare Sauce dazu. Zur Farsch nimmt man ein wenig Kalbfleisch, Petersilie, Zwiebeln, dieses zusammen in eine Kasserole gut gewürzt und mit Butter schmoren lassen; das Fleisch wird klein geschnitten, in die Brühe wird eine Semmel geschnitten, ein wenig Chü dazu, dick kochen lassen, dann das geschnittene Fleisch dazu und noch ein wenig schmoren, dann gibt man Eiergelb dazu, Zitronensaft und dann ist es fertig. – Dieses Rostbratel kann auch ohne Farsch gemacht werden, wenn es gut geklopft und gesalzen ist und mit Butter begossen, geriebene Semmel drauf gestreut, auf dem Rost gebraten und eine Sardellenbrühe darüber.

Rindszunge mit einer grünen Sauce

Man kocht die Rindszunge, häutet und spickt sie recht fein, dann wird sie eine Stunde am Spieß gebraten und recht fleißig begossen. Man legt sie in eine gute Schüssel und gießt die Brühe darüber, welche folgendermaßen gemacht wird: Man läßt ein Stück Butter zergehen und darin einen Löffel Mehl bräunlicht werden. Man hackt sechs bis acht Sardellen ganz fein, eine Hand voll Petersilien, etwas Kapern, etwas Zitronenschale; das alles thut man ganz fein gehackt zu der Butter; einen reichlichen Kaffeelöffel Senf, eine halbe Tasse Weinessig und schließlich Fleischbrühe dazu, so daß die Brühe eine ordentliche Dikke bekommt. Dies läßt man alles zusammen eine gute halbe Stunde kochen, dann gießt man die Brühe über die Zunge, so ist es fertig.

Eine frische Zunge

Eine recht zarte frische Rindszunge wird wie gewöhnlich gekocht, kurz vor dem Anrichten in ziemlich dicke Scheiben geschnitten, stark mit Pfeffer und Salz bestreut und in Butter etwas anziehen lassen, oder noch besser ganz leise gebacken.

Rindszunge mit Sauce und Maronen

Eine gesalzene Rindszunge mit Sauce und Maronen, sehr gut: Die Zunge wird mit kaltem Regen-Wasser (gewöhnliches Wasser ist nicht so gut) aufgesetzt und ganz langsam kochen lassen. Wenn man sie einige Zeit gekocht hat, stellt man sie neben an das Feuer, daß sie nur zieht; je langsamer sie gekocht wird, desto zarter ist sie. Man kann ihr fünf bis sechs Stunden zum Kochen geben. – Zur Sauce nimmt man ein Stückchen Butter, etwas Mehl, einige Charlotten, schwädmet das ein wenig, füllt es auf mit guter Chü, läßt sie zwei Stunden von einer Seite kochen und hebt immer das Fett ab. Kurz vor dem Anrichten kann man etwas guten Wein dazu thun. Man legt die Zunge auf die Schüssel, garniert sie mit geschwädmeten Maronen (Kastanien) und gibt die Brühe dazu. Es ist eine sehr gute Schüssel und wird nach der Suppe gegeben.

Kalbs-Fricandeau

Man nimmt einen starken Kälberstoß, löst die Haut ab und schneidet das Fleisch in drei bis vier Stücke; klopft es wohl und spickt es recht fein. Dann nimmt man das übri-

ge vom Stoß sammt den Genüß, auch etliche Kälberfüße, setzt sie bei mit einigen Sellerieköpfen, gelben Rüben, ganzen Zwiebeln, welschen Zwiebeln, ganzem Pfeffer, ganzen Muskatblumen, schüttet Wasser darüber und läßt alles recht verkochen. Dann schlägt man es durch, läßt es ein wenig stehen bis es sich gesetzt hat, schüttet es in eine Kasserole, schneidet eine halbe Zitrone in Stücken dazu wie auch eine Zwiebel mit Nelken besteckt, läßt es zusammen kochen; danach legt man das Fricandeau eine viertel Stunde ins Wasser und thut selbige auch dazu, deckt es fest zu und gibt wohl acht, daß es nicht anhängt. Man läßt es drei bis vier Stunden kochen. Eine Stunde vor dem Anrichten schüttet man Chü dazu; man thut wenig oder gar kein Salz daran. Wenn es recht gut sein soll, muß die Sauce hübsch glänzend steif sein.
Man kann Kälberbröschen auf eben diese Art machen, nur daß man die Sauce stärker kochen läßt, ehe man die Bröschen hineinlegt, weil sie sehr zart sind und also leicht zerfahren.

Kalbs-Scheibe

Eine Scheibe von der Keule geschnitten, anderthalb Finger dick, in den Topf gesalzene Butter, Mehl etwas bräunlich geröstet, die Kalbsscheibe erst in Butter geschwädmet, dann heraus und in die Kasserole gethan; ungefähr zehn klein geschnittene geschälte Zwiebeln dazu, auch Morcheln; hat man keine kleine Zwiebeln, so muß man andere zerschneiden; dann durchschlagen, noch Bouillon darauf, auch etwas Chü, wenn man solche hat, so ist es fertig.

Blanquette von Kalbsbraten

Blanquette von Kalbsbraten, Cotton, sehr gut: Man schwädmet Charlotten und ein klein geschnittenes Zwiebelchen in süßer Butter, thut eine klein gehackte Sardelle dazu, thut den in kleine Scheibchen geschnittenen Kalbsbraten hinein mit ein wenig Fleischbrühe oder Bratensauce und läßt es ziehen, aber nicht kochen, sonst wird es hart. Wenn man es anrichtet, rührt man es mit Eiergelb und Rahm an.

Gefüllte gebratene Kalbsbrust

Man nimmt zu der Lunge, die bei der Brust ist, noch ein halbes Pfund mehr und kocht sie ab und hackt sie ganz klein; man weicht zwei Milchbrote ein mit drei zerschlagenen Eiern und ein wenig Milch und rührt dieses nachher ganz glatt. Dies thut man nun zu der Lunge nebst etwas Majoran und Thymian, klein geschnittenen Speck, ein wenig Pfeffer und Gewürznelken, eine Zwiebel, zwei ganze Eier, gerührt und in Butter geröstet, dann klein gehackt und auch dazu gethan; nun noch vier bis fünf Eier hineingerührt; damit wird sie gefüllt, dann zugenäht und wie ein anderer Kalbsbraten recht schön gebraten. – (Diese Masse ist nicht zu viel, es ist sehr gut.)

Kalbs-Coteletten in Chü

Die Coteletten werden geklopft, mit dem Messer gehackt, gespickt und dann mit Ziebeln, Petersilienwurzel, gelben Rüben eingesetzt und oben und unten Kohlen darauf. So läßt man sie erst anbraten, füllt sie dann mit Chü auf. Wenn sie gar sind, rangirt man sie hübsch um eine Schüssel und siebt die Sauce darüber durch.

Coteletten in der Pfanne

Sie werden recht geklopft, in Ei getunkt, in Salz, Pfeffer und Weckmehl (untereinandergemischt) gewälzt, und in Butter gebacken. Wenn sie gar sind, schüttet man die Butter ab, füllt sie mit Chü oder Fleischbrühe auf, und läßt sie noch ein wenig kochen.

Hammelskolben mit Berliner Rüben

Man bratet den Hammelskolben in einer Kasserole, schmort die Rüben gelb in Schmalzbutter; wenn man will, kann man auch etwas Zucker dran thun; dann hebt man das Fett ab, eine Stunde vor dem Essen thut man die Rüben und etwas Fleischbrühe zu dem Hammelskolben und läßt es zusammen stofen.

Einen Hammelskolben als Rehkeule

Den Hammelskolben gehäutet, recht fein gespickt, in Essig gelegt, acht Tage liegen lassen, und dann recht schön gebraten.

Schinken a la Languedocienne

Man schneidet ganz dünne Scheiben rohen Schinken, klopft sie recht stark und setzt sie in einer Kasserole ohne alles Zubehör auf das Feuer, läßt sie knapp eine viertel Stunde kochen – das Fett drum herum wird ganz durchsichtig. Man nehme die Scheiben mit einer Gabel heraus, und zu der Brühe, die sie gezogen, gießt man so viel Fleischbrühe als nötig, um die Brühe zu machen; dazu man etwas feines Weckmehl und recht fein gehackte Petersilie, läßt es ein wenig kochen, dann thut man die Stücke Schinken wieder hinein, daß sie angefeuchtet und in der Brühe braun werden, und im Augenblick vom Anrichten thut man etwas Zitronensaft dazu. Es ist sehr gut und kann allein oder mit dem Rindfleisch gegessen werden. Sollte der Schinken zu scharf sein, so kann man die Scheiben erst durch Wasser ziehen, damit das Salz heraus zieht. Die Scheiben dürfen aber ja nicht länger als eine viertel Stunde kochen, sonst werden sie hart und unangenehm; in der Brühe nachher kann man sie ein wenig lassen.

(Eine Reihe von Fleischpasteten und sonstigen Fleisch-Vorgerichten findet sich unter dem Abschnitt: »Kleine Speisen und Vorspeisen«.)

Saucen

Die Saucen, wie die hier beweisen,
sind Hauptsache bei allen Speisen.
Doch Chü ist A und O der Saucen –
man macht sie tunlichst gleich im großen.

Saucen

Sardellen-Sauce

Man nimmt drei abgewaschene und jede ungefähr in drei Stücke geschnittene Sardellen mitsammt den Gräten, thut sie in ein Brühtöpfchen mit einem Stück Butter in Eigröße, läßt es ein bischen schmoren. eine Messerspitze Mehl dazu und mit etwas Fleischbrühe aufgefüllt. Dies läßt man ein wenig dicklicht kochen. Gleich vor dem Anrichten rührt man zwei Eigelb auf einen Teller, gießt etwas von der kochenden Brühe dazu und nun dieses bei immerwährendem Rühren zu der Sauce in das Töpfchen. Dann gleich vom Feuer weg, durch ein Haarsiebchen laufen lassen gleich ins Brühnäpfchen, worin es angerichtet wird.

Eine sehr gute holländische Fisch-Brühe

Eine Messerspitze Mehl mit einem Eßlöffel Wasser oder Fischbrühe verrührt und aufkochen lassen; dann thut man die Butter dazu und rührt beständig; dann gleich in eine gewärmte Sauciere gethan und angerichtet. Es muß wie dicker Schaum sein. Will man klein gehackte Petersilie dazu thun, so kocht man es vorher ab.

Grüne Sauce zum Ochsenfleisch

Für drei Personen drei hart gesottene Eier. Das Gelbe wird fein zerdrückt, mit Salz und Pfeffer gewürzt und mit anderthalb Löffel Öl, einem Löffel Essig und einem halben Löffelchen Senf vermischt. Alsdann werden fein gewiegt: Petersilie, Boretsch, Pimpernell, Drachant, und gut unter die Masse gerührt. Je nach der Dicke des sauren Rahms kommen drei bis vier Löffel darunter. Die Sauce wird durch ein Sieb gedrückt und die Kräuter, die sich nicht durchdrücken, weg gelassen.

Eine kalte grüne Sauce zu Fisch, Wildpret, auch zu Geflügel zu geben

Man nimmt ungefähr ein halbes Pfund frische Butter und rührt sie zu Schaum; dann thut man vier Eigelb und zwei gesottene Eier dazu und verrührt dies mit der Butter. Hierzu kommt ein Löffel voll Provenceröl, etwas Essig, etwas Zitronenschale und ein Löffel voll gutem Senf. Dann wird das Grüne fein gehackt, dazu gerührt und durch ein Haarsieb gedrückt. Das Grüne besteht aus Boretsch, Sauerampfer, Pimpernell, Drachant. Auch kommt etwas Pfeffer und Salz dazu. – Hat man gute Fleischgelée, so wird diese Sauce besser, wenn man statt Butter Gelée nimmt.

Grüne Brühe zu Lachs und Hecht

Die ordentliche Spargelsauce wird gemacht, aber etwas dicker wie gewöhnlich, dann werden zwei bis drei gute

Hand voll Spinat sauber gewaschen und im Mörser gestoßen, dann durch ein Tuch gedrückt und die Brühe in ein Gefäß gethan. Wenn man den Fisch anrichten will, thut man von der grünen Brühe zur gelben, daß sie eine schöne hellgrüne Farbe bekommt, gießt etwas davon über den Fisch, die übrige gibt man in einem Brühnäpfchen oder in einer Sauciere dazu.

Spargel-Sauce mit Essig

Man thut ein gut Stück ungesalzene Butter in ein Töpfchen und läßt es gelb werden, ein Löffel Mehl dazu und damit gerührt, ein wenig Fleischbrühe dazu, fünf ganze Eier, ein Löffel Weinessig; dieses alles in einem fort auf dem Feuer rühren, bis es dick ist.

Noch eine andre Art Spargel-Sauce

Ein gut Stück frische Butter, ungefähr ein achtel Pfund in den Topf gethan und vergehen lassen, einen Löffel Mehl dazu, dann schüttet man von der Spargelbrühe und einen Löffel voll Essig dazu, läßt es kochen, dann thut man fünf Eiergelb in einen andern Topf, verrührt sie untereinander, schüttet die Brühe dazu und rührt sie noch ein wenig über dem Feuer. Mit Enteneiern wird es noch besser.

Eine gelbe Eier-Sauce

Einen knappen Eßlöffel voll Mehl, vier bis fünf Eiergelb, einen guten Eßlöffel Essig, ein gutes Stück Butter, etwas Muskatnuß, ein wenig Fleischbrühe dazu gethan und auf dem Feuer, gerührt bis sie gut ist. So man will, einige Scheiben Zitronen oder ein wenig abgeriebene Zitronenschale und Saft hineingedrückt.

Holländische Eierbrühe

Man verrührt acht Eiergelb ganz zart, hernach rührt man einen viertel Schoppen Essig darüber, dann einen viertel Schoppen Wasser, setzt es aufs Feuer und rührt es, bis es anfängt dick zu werden, dann zieht man es vom Feuer zurück, dreiachtel Pfund ungesalzene Butter dazu; sollte es durch das Eierrühren etwas klumpricht werden, so schüttet man etwas kaltes Wasser dazu.

Brühe zum Rindfleisch

Sechs Sardellen, ein bis zwei Zwiebeln, zwei Löffel voll Kapern, eine Hand voll Petersilien, alles durcheinander recht klein gehackt, wohl Butter dazu genommen und darunter geschmort, ein Glas Wasser und etwas Fleischbrühe dazu gethan, recht kochen lassen und durchgeschlagen, mit vier bis fünf Eiergelb angerührt, dann noch ein wenig auf Kohlen gestellt, daß die Sauce dicklicht wird.

Eine kalte grüne Sauce zum Wildpret

Eine Handvoll Petersilien, eine Handvoll Charlotten, Zwiebeln, Kapern, ein viertel Pfund Sardellen, alles recht klein verhackt, alsdann drei hart gesottene Eier, recht verdrückt, etwas gestoßenen weißen Pfeffer dazu und mit Essig und Öl angemacht. Es schmeckt auch sehr gut zum Rindfleisch.

Sauerampfer-Sauce

Man muß den Sauerampfer abschmoren, ein wenig Mehl, etwas Fleischbrühe, vier Eiergelb, ein klein wenig Essig, dies alles wohl gerührt, bis es gut ist.

Schnittlauch-Sauce

Ganz fein gehackter Schnittlauch wird in sehr guter Bouillon gekocht, dann etwas Mehl in Butter gelbbraun geröstet, dazu gethan und einige Male aufkochen lassen. Es schmeckt vorzüglich zu frischem Rinderbraten.

Eine warme französische Sauce

Nimm Charlotten, einige Sardellen, hacke dieses klein, schwädme es, thue einen Löffel voll Mehl hinzu, fülle die Sauce mit guter Chü auf, nimm etwas von eingemachten oder auch frischen Gurken, schneide sie klein in Würflein, lasse es miteinander ein wenig stofen, so ist es fertig.

Madeira-Sauce zu warmem Schinken

Man thut ein Stück Butter in eine Kasserole; wenn sie vergangen ist, einen Eßlöffel voll Mehl dazu und läßt ein wenig anziehen. Dann füllt man es mit guter Chü auf, läßt es gut verkochen. Man thut ein Stückchen Zucker so groß wie eine welsche Nuß in ein kleines Geschirr nebst ein wenig Wasser, stellt es aufs Feuer, und wenn es ganz braun ist, schüttet man es in die Sauce. Dies gibt eine schöne Farbe. Dann schüttet man ein kleines Trinkglas Madeira dazu, läßt es noch ein wenig kochen, passirt die Sauce durch ein Haarsieb und gibt sie zum Schinken.

Kalte Sauce zu Lobster = Seekrebs

Ein Eigelb hart gesotten und durchs Haarsieb passirt; dazu ein roh Eigelb und zusammen verrührt; auf Eis gestellt und dazu drei Schoppen gutes Provenceröl langsam tropfen lassen, indem man es beständig auf dem Eis rührt. Etwas feinen Senf, weißen Pfeffer und Salz und ein wenig fein gewiegten Körbel und circa eine Obertasse guten Kräuteressig. Es wird alles so lange gerührt, bis es ganz steif ist. Zuletzt kommt noch dazu das Innere des Lobsters (Seekrebses) und etwas von dem äußeren Fleisch desselben fein gerieben. Man läßt es auf dem Eis stehen, bis man es braucht.

(Zur Vervollständigung der Saucen wird hier noch ein weiteres Rezept zur Bereitung einer guten Chü angefügt.)

Chü

Wird am besten auf folgende Art bereitet: Man thut Abschöpffett in eine Kasserole; wenn es heiß ist, kommt ein Pfund Ochsenfleisch in das Fett. Hat man zufällig Hahnenbraten, so thut man zu der Chü alles davon, was nicht auf die Tafel kommt; auch wenn man etwas Kalbsknochen hat, thut man sie hinzu. diese machen die Chü sehr gut, auch die Haut von Ochsenfleisch und dergleichen. Etwas Zwiebel, etwas Selleriekopf, etwas gelbe Rüben, ein paar Pfefferkörner, ein paar Nelken, etwas Salz. Man deckt es zu und läßt es anbraten, damit es schön gelb wird. Dann schöpft man recht sorgfältig das Fett ab, füllt es mit guter Fleischbrühe auf und läßt es kochen, bis man es braucht.

Vegetarische Speisen

Die Vegetarier, das sind Menschen:
die morgen- wie die abendländschen,
die nur von Nebenspeisen leben –
auch diese sollen Kräfte geben.

Suppen

(Überall, wo in diesem Abschnitt als Zutaten
Chü oder Bouillon vorgeschrieben ist,
sind selbstverständlich die unter Abteilung
Chü anfangs aufgeführten Fastenchü
und Fastenbouillon zu verwenden.)

Schwarze Brotsuppe auf Deutsch

Schneide schwarzes Hausbrot ganz fein, tue es hernach in frischer Butter schön gelb rösten, alsdann verlorene Eier im Wasser, so viel du vonnöten hast; wenn es Zeit ist zur Tafel, setze in eine Kasserole eine klare Erbsenbouillon mit etwas Chü an und lasse es sieden, thue hernach das Brot hinein mit ein wenig fein geschnittener Petersilie, lasse es aufkochen, richte die Suppe an im Suppentopf und gib die verlorenen Eier dazu. Oben auf die Suppe gib eine gute Portion schön gelb geröstete Zwiebel darüber.

Schwarze Brotsuppe auf französisch

Schneide das schwarze Brot zur Suppe wieder wie das vorherige, alsdann schneide etliche Zwiebel in Scheiben und thue sie in die Kasserole mit einem Stück frischer Butter, laß sie rösten bis sie anfangen gelb zu werden, dann gib eine klare Erbsenbouillon daran, so viel du Suppe vonnöten hast, laß es aufsieden, thue das Brot hinein, salze und pfeffere es, schlage etliche Eier daran und serviere es zur Tafel.

Süße Brennsuppe von Milch

Mache Mehl gelb mit einem Stück frischer Butter und einem Stückchen Zucker; wenn es schön gelbbraun ist, fülle es an mit süßer Milch, gieße es in einen Hafen, setze es aufs Feuer und lasse es sieden, bis das Mehl wohl verkocht ist; thue dazu auch ein wenig Zimmt und zuletzt die Schalen einer Zitrone. Ist es Zeit zur Tafel, so passire die Suppe durch ein Haarsieb in den Suppentopf, gib eine gebackene Semmel dazu wie auch ein wenig Salz, so ist es richtig.

Makaroni-Suppe

Setze eine klare Erbsen-Bouillon mit Chü aufs Feuer und lasse es sieden; nimm große Makaroni-Nudeln, thue sie in kleine Stücke zerbrechen, setze Wasser mit Salz aufs Feuer, lasse es sieden, thue die Makaroni dann hinein und lasse sie aufwallen, dann mit frischem Wasser abkühlen und hierauf in die Bouillon. Laß sie langsam kochen bis sie lind sind, sie müssen aber nur so lange vor dem Anrichten gekocht werden, daß sie grade fertig werden zur Tafel, denn wenn sie lange stehen, so werden sie zu weich und sind nicht mehr so gut. Beim Anrichten gib auf einem Teller extra geriebenen Parmesankäs dazu.

Suppe mit kleinen Zwiebeln

Nimm eine gute Portion kleine Zwiebel, putze sie sauber, nimm frisches Wasser und blangire es; dann thue die erste Haut davon, thue sie in ein kleines Geschirr mit frischer Butter und ein wenig Zitronensaft und Wasser, setze es aufs Feuer und lasse es langsam sieden, bis die Zwiebeln lind sind. Schneide hernach von der Semmel runde kleine Scheiben und backe sie in frischer Butter heraus. Dann thue in eine Kasserole klare Erbsenbouillon wie auch etwas Chü und lasse es aufkochen. Ist es Zeit zur Tafel, so thue das Brot in die Bouillon hinein, lasse es noch einmal aufkochen, richte es in der Suppenschüssel an, gieß das Wasser von den Zwiebeln durch ein Haarsieb ab und gib die Zwiebeln zu der Suppe.

(Unter dem Abschnitt Suppen finden sich weitere zahlreiche für die vegetarische Küche geeignete Suppen, die nur mit Erbsen-Bouillon statt mit Fleisch-Bouillon zu bereiten sind.)

Vegetarische Speisen

Wirsing oder Kohlkraut

Das Kraut abgelesen bis auf das Herz, das Herz ganz gelassen, alsdann ein wenig abgebrüht, etwas Mehl und Butter geröstet und die Herzen darin geschwädmet, dann gute Fastenchü dazu geschüttet und so ausstofen lassen. Es ist ein besonders gutes Gemüse.

Kartoffelklöße gebacken

Man siede fünf bis sechs Kartoffeln weich, stoße sie im Mörser mit ein Stück heißer Butter, fünf Eiern und ein wenig Salz, mache kleine Klöße daraus, in ein wenig Mehl gewelgert, in Eiweis durchgezogen und in Weckmehl umgewendet, zuletzt in Schmalzbutter gebacken.

Erdäpfel-Fricadellen, sehr gut

Auf einen Teller voll abgesottener, geriebener, recht mehliger Erdäpfel (gleich in der Kasserole ausgerieben, daß einem die Hände noch brennen) vier ganze Eier, vier Eidotter und ganz wenig Salz; dieses umgeschlagen, bis es Blasen gibt; Schmalzbutter in der Kasserole recht heiß werden lassen und die Masse mit einem Löffel Welschnußgroß eingesetzt und langsam backen lassen. Bis sie schön hellgelb sind.

Klöße

Man nimmt Kartoffeln, die man schon am Tage vorher gekocht hat, und zerreibt sie auf dem Reibeisen. Schneidet trockenes Weißbrot in viereckige kleine Stückchen und läßt sie mit halb Butter und halb Fett braun rösten. Auf ein und ein viertel Liter Kartoffeln rechnet man 125 Gramm Butter, ein halbes Pfund Mehl, eine Hand voll Gries, eine halbe Hand voll Salz, reibt alles durch die Hände und thut ein ganzes Eigelb hinein, verrührt es, formt kleine runde Klöße, läßt sie zehn Minuten in kochendem Wasser kochen und gibt sie sofort auf den Tisch, nie stehen lassen.

Risotto oder Reis auf italienische Art

Risotto oder Reis auf italienische Art – sehr gut: Der Risotto wird am besten in einer Kasserole bei gutem, jedoch nicht zu starken Feuer zubereitet. – In das Geschirr kommen zuerst 13 Loth Butter (etwa 200 Gramm), zu welcher eine rohe, klein geschnittene Zwiebel kommt, die so lange auf dem Feuer bleibt, bis sie goldgelb ist; alsdann thut man ein viertel Pfund Mark dazu, welches flüchtig wird. Nachher 17 bis 18 Pfund Reis dazu gethan, welcher in drei bis vier Minuten geröstet sein wird (der Reis wird vorher gebrüht, aber nur nicht zu weich). Hierauf werden eineinhalb Maaß heiße Erbsenbouillon hinzugeschüttet und

von Zeit zu Zeit gerührt; länger als 16 bis 18 Minuten darf es jedoch nicht auf dem Feuer stehen. Einen Augenblick, ehe man das Gericht ausschüttet, kommen 19 Loth (also etwa 300 Gramm) geriebener Parmesankäse hinein. – (Diese Portion ist auf 18 bis 20 Personen berechnet; für weniger Personen nimmt man also alles im gleichen Verhältnis weniger.)
Zusatz für Nichtvegetarier: Mit Hinzufügung von Trüffeln und Krebsen wird das Gericht noch besser. Beide werden nur abgekocht und zuletzt hineingetan; von den Krebsen nur die Schwänzchen ganz, das übrige wird zu Pürée gestoßen; Salz nach Gutdünken.

Gefüllter Pfannkuchen

Rühre diesen nebst einem Kochlöffel voll Mehl mit zwei Eiern an, backe ihn nur auf einer Seite gelb, alsdann laß ihn erkalten. Nimm ein Stück Butter, ein Charlottchen, etwas Schnittlauch, lasse dieses in der Butter ein wenig schwädmen, weiche ein Milchbrot ein, drücke es gut aus und schwädme es auch in der Butter, rühre es zusammen mit drei Eiern ab, nimm ein wenig Muskatnuß, etwas Salz, streiche diese Farce über den Pfannkuchen, rolle ihn alsdann zusammen, lasse ihn ein wenig erkalten, schneide ihn in Stückchen etwa einen halben Finger lang, die Stückchen wälze in Ei, bestreue sie mit Weckmehl und backe sie in Schmalzbutter, daß sie schön gelb werden.

Kleine Pfannkuchen von Kartoffelmehl

Ein viertel Pfund Kartoffelmehl mit etwas kalter Milch angerührt und in einen Schoppen kochende Milch unter beständigem Rühren gegossen. Ist es ein ordentlicher, ziemlich dicker Brei, so nimmt man es vom Feuer, thut etwas Salz dazu und läßt es stehen, bis es lau ist. Dann thut man zwei ganze Eier dazu (und rührt es sehr) und zwei Löffel gewöhnliches feines Mehl streut man langsam darunter unter immerwährendem Rühren. Nun setzt man es löffelweise in die Pfanne zum Backen, so daß es kleine Pfannkuchen gibt. Das Feuer, auf dem man es backt, darf nicht stark sein, sonst laufen sie auseinander.

Mehlschmarn

Man nimmt Mehl in einen Tiegel, rührt es mit kalter Milch ab, auf jede Person zwei Eier gerechnet, darein geschlagen in der Dicke, daß der Teig leicht vom Kochlöffel läuft, in heißes Schmalz gegossen, immer mit einem Blechlöffel gestoßen, gut ausdünsten lassen, salzen und schön ramlet gemacht.

Reisschmarn

Eine gute Hand voll Reis wird in Wasser abgegossen, in eine Kanne siedende Milch getan, gut ausdünsten lassen, salzen, ein wenig Zucker und ein Stück Butter hinzu; wenn er ramlet ist, so ist er fertig.

Makaroni-Pastete

Zwölf Loth Makaroni (also etwa 190 Gramm), vier Loth Parmesankäse (also etwa 60 Gramm), sechs Eiergelb, ein Nössel Sahne, dieses alles wohl untereinander, Blätterteig in die Kasserole gethan, die Masse hinein geschüttet, ein Stückchen ungesalzene Butter darauf, einen Deckel darauf gemacht, backen lassen, dann eine Schüssel darauf gelegt und umgestürzt.

Eierspeise – Wien – sehr gut

Acht hart gesottene Eier, einen Schoppen süßen Rahm, etwas Zwiebel, zwei Nußgroß Butter, etwas Mehl, ein wenig Salz.
Die Eier werden hart gesotten, müssen etwas verkühlen, dann werden die Dotter herausgenommen und alles Weiße in dünne Scheibchen geschnitten. In eine Kasserole thut man zwei Nußgroß Butter, läßt sie zergehen und heiß werden, gibt dann zwei Scheibchen Zwiebeln würflicht geschnitten hinein und wartet, bis die Zwiebeln anfangen, ein wenig gelb zu werden. Dann rührt man anderthalb Kochlöffel feines Mehl hinein und gießt, indem man fortrührt, einen Schoppen süßen Rahm, der aber kochend sein muß, dazu. Man rührt schnell fort und stellt die Kasserole womöglich auf recht jähes Feuer. Alles wird nach und nach dick; man gibt acht, daß es nicht anbrennt, rührt fort und läßt es so dick werden, daß es nicht mehr vom Löffel läuft und wie ein Brei ist. Dann stellt man es vom Feuer weg, rührt das geschnittene Eiweis leicht hinein, setzt es gut und richtet es auf einen Suppenteller wie einen kleinen Berg an. Nun nimmt man ein

Haarsieb und passirt die harten Eidotter über die Speise durch, indem man den Teller manchmal umdreht, so daß der Berg endlich ganz gelb bedeckt ist. Endlich steckt man Scheiben altbackener Semmel rings herum, damit die Speise sich nicht auf den Rand ausbreitet, weil man sie eine halbe Stunde vor dem Anrichten in einen nicht sehr heißen Ofen stellt, damit sie recht durcherwärmt und das gelbe etwas bräunlicht werde und wie eine leichte Kruste bilde; dabei stellt man den Teller auf ein Blech in etwas Asche oder Salz, damit er nicht springt. Beim Servieren nimmt man die Semmeln vorher weg.

Champignons auf Öl

Man nimmt von dem besten Provence-Öl und läßt es ganz heiß werden, thut alsdann länglicht fein geschnittene Zwiebeln, länglicht geschnittene Zitronenschalen, ganzen Pfeffer, Gewürznelken, etwas weniges Bohnenkraut, guten Esdragon-Essig und etwas Salz hinein, läßt es kochen, gibt die Champignons hinein und läßt sie drei bis vier Minuten kochen, kalt werden und dann servieren.

Spinat-Pudding

Man reibt von vier runden Milchbroten die äußere Rinde ab, und weicht die Brosamen in Milch ein; indessen brüht man vier Handvoll Spinat mit siedendem Wasser ab und drückt solches wieder fest aus, hackt ihn mit einer Hand voll Petersilie und etlichen Charlotten ganz fein und schwädmet das grüne mit ein viertel Pfund zergangener Butter. Dann drückt man das eingeweichte Brot fest aus, rühret es mit Salz, etwas Muskatenblüth, acht Eiergelb dazu; schlage das weiße von den Eiern zu Schnee und rühret es aber nicht eher, bis vor dem Einfüllen daran. Man schmiere nun eine Auflaufform mit Butter, thue die Masse hinein und lasse sie kochen (im Wasserbad) bis es fertig ist. Es wird eine gute Spargelsauce dazu gegeben, dazu eine Hand voll Spinat roh gestoßen, ausgepreßt und in die Sauce gethan; etwas von der Sauce über den Pudding geschüttet, das übrige dazu herumgegeben.

Ein sehr guter Erdäpfel-Auflauf

Zwölf Loth süße Butter (etwa 180 bis 190 Gramm) recht zu Schaum gerührt, dann sechs Eiergelb nach und nach dazu gerührt, sechs Loth recht fein gesiebten Zucker dazu, die abgeriebene Schale von einer halben Zitrone, dann ein halbes Pfund recht fein geriebene Kartoffel; zuletzt rührt man einen halben Kochlöffel recht feines Mehl mit einem halben Schoppen süßem Rahm oder guter Milch an, thut es dann zu der übrigen Masse und rührt es recht; die sechs Eiweis zu einem festen Schnee geschlagen und auch dazu. Wenn es recht gut gerührt ist, schmiert man die Form mit Butter, bestreut sie mit Weckmehl, füllt es ein und backt ihn recht schön.

Spinat-Törtchen

Anderthalb viertel süße Mandeln werden fein gestoßen, ein reichlich fein gestoßenes viertel Pfund Zucker unter die Mandeln gemischt, Spinat wird gestoßen, der Saft ausgedrückt und auf die Glut gestellt, daß er zusammenläuft, dann in einen Durchschlag, daß das Wasser abläuft, dann soviel zu den Mandeln gegeben, daß sie grün werden, vier ganze Eier und fünf Eiergelb eines nach dem andern dazu und die ganze Masse drei viertel Stunden rühren, die Formen mit Blätter bestrichen, bis zur Hälfte mit der Masse gefüllt, im Ofen gebacken; der Backofen darf nicht zu heiß sein.

Zwiebelkuchen

Ein viertel Pfund frische Butter, ein halb Schoppen saurer Rahm und Mehl nach Gutdünken wird zu dem Teig genommen; dieser wird recht dünn ausgewelgert und auf ein Blech gelegt, welches zuvor mit Butter bestrichen und dann mit Mehl bestreut ist. Alsdann werden sechs bis acht Zwiebeln, je nachdem sie groß sind, klein geschnitten, etwas Kümmel und Salz dazu gethan; hernach werden zwei Kochlöffel Mehl, ein halbes Trinkglas gute Milch, drei Eier und ein halber Schoppen saurer Rahm miteinander durchgearbeitet, zuletzt die geschwädmeten Zwiebel auch dazu; bestreicht den Kuchen damit, aber nur ganz dünn, daß der Boden bedeckt ist, dann wird noch ein Ei mit ein wenig zerlassener Butter verrührt und über den Kuchen gethan, nebst ein klein wenig würflicht geschnittenem Speck (kann natürlich auch wegfallen) und so in dem Ofen gebacken; er muß ganz heiß auf den Tisch kommen.

Hefen-Klöße

Zwei Pfund Mehl in eine tiefe Schüssel gethan, eine Obertasse Hefen, ein starkes Nössel laue Milch, an einen warmen Ort gestellt und gehen lassen. Anderthalb Stunde vor dem Essen muß der Teig angerührt werden. Alsdann, wenn man zu Tische gehen will, gekocht wie die andern, nur in einem größeren Topf, weil sie zusammen schwimmen müssen; etwas mehr Salz in dieses Wasser, weil in den Teig keines kommt. Mit einem Schöpflöffel ausgestochen, in das Wasser gethan (nicht zu klein). Wenn sie gar sind, auf die Schüssel, heiße Butter mit gerösteten Brotkrumen darüber gegossen.

Ramequins

Vier ganze Eier wohl zerschlagen und unter einen Schoppen süßen Rahm verrührt, ein halbes Pfund geriebenen Parmesankäse darin vergehen lassen nebst einem Ei groß frischer Butter; wenn alles geschmolzen und untereinandergerührt, in einen geblätterten Teig gethan, gebacken und warm gegessen.

(Dieser Abschnitt: »Vegetarische Speisen« wird weitgehend ergänzt durch fast sämtliche Gerichte, die unter »Gemüse«, »Nachspeisen« und »Backwerk« aufgeführt sind. Die vegetarische Küche ist daher hier sehr reichhaltig vertreten.)

Gemüse

Gemüse sind nur dann vollendet,
wenn man nicht zu viel Mehl verwendet.
Gemüse sind nicht nur Zugaben:
sie müssen Selbstbedeutung haben.

Gemüse

Kartoffelbrei

Die Kartoffeln werden, nachdem sie geschält sind, in Stückchen geschnitten, gewaschen, in einen Topf gethan und mit kaltem Wasser an das Feuer gesetzt. Wenn dieses einige Male recht aufgekocht hat, gießt man es ab und anderes, aber auch kochendes Wasser darauf (man kann auch statt des Wassers kochende Milch nehmen) und etwas Salz und läßt es so lange kochen, bis die Kartoffeln sich klar quirlen. Dann richtet man es an und thut braune Butter, worin klein gehackte Zwiebeln gebraten sind, darüber. Man muß es, damit der Brei ganz klar wird, erst gut schlagen und dann durch einen Durchschlag rühren; natürlich ehe die braune Butter darauf ist.

Kartoffeln in Rahm

Die Kartoffeln werden abgesotten und geschält. (Man sucht hübsch kleine aus, die englischen sind dazu die besten.) Um elf Uhr wird dann ungefähr ein halb Pfund Butter in einer Kasserole verrührt, drei Sardellen klein geschnitten und dazu gethan, zwei Kochlöffel Mehl; wenn dieses ein wenig gelb geworden ist, ein halbes Maaß süßen

Rahm und zwei Löffel Fleischbrühe dazu geschüttet; die Kartoffeln in die Brühe und so stofen lassen. Man gießt etwas Fleischbrühe nach und thut, wenn es nötig ist, Salz dazu.

Erdäpfel auf eine recht gute Art

Ganz kleine englische Kartoffeln abgequellt, geschält, in Schmalzbutter braun werden lassen und ein ganz klein wenig Butter darüber gestreut. Nachher in eine Form oder Schüssel frische Butter gethan, einige Charlottenzwiebeln geschnitten und eine Messerspitze Mehl dazu, etwas braun werden lassen und einen Löffel Fleischbrühe dazu gegossen. Eine kleine halbe Stunde vor dem Essen thut man die Kartoffeln dazu, etwas geriebenen Parmesankäse, sauren Rahm mit einem Eigelb abgerührt und ebenfalls dazu gethan, auch etwas klein gehackte Petersilie; man deckt es zu und läßt es etwas brozeln; man thut kein Feuer oben drauf.

Erdäpfel mit Petersilie

Man kocht Erdäpfel, schält und schneidet sie in Scheiben, macht Butter braun, thut sie mit gehackter Petersilie hinein und quirlt sie zuletzt mit Eigelb ab.

Alle Arten von Kraut und grünem Gemüse zu stofen

Man setzt einen Topf mit Wasser bei, läßt es kochend werden, dann salzt man es gut und thut das gelesene und klein geschnittene Kraut hinein, läßt es kochen bis es zart ist. Spinat muß sehr schnell gekocht werden, weil er sonst nicht grün bleibt. Dann thut man das Gemüse in einen Durchschlag und läßt es ablaufen, schüttet kalt Wasser darüber, weil es sonst einen unangenehmen Geruch bekommt. Spinat, Kochsalat und Blaukraut drückt man recht aus; Weißkraut und Kohlkraut läßt man nur ablaufen. Dann thut man gemengtes Fett in eine Pfanne, die Quantität richtet sich nach der des Gemüses, eine ganze Zwiebel dazu und ein bis zwei Kochlöffel Mehl. Wenn dieses gelb geröstet ist, schüttet man Fleischbrühe dazu und läßt es ein wenig kochen. Dann thut man das Gemüse dazu und läßt es wenigstens eine Stunde stofen. Wegen dem Salz muß man versuchen, ob es recht ist. Zum Kohlkraut thut man etwas Muskatnuß; zum Weißkraut, wenn man es liebt, Kümmel; Kohlraben werden ebenso gekocht; Blumenkohl auch, nur muß man Acht geben, daß, wenn er abgebrüht, man augenblicklich kaltes Wasser darüber schüttet, auch muß man statt Fett frische Butter dazu nehmen und das Mehl nicht gelb werden lassen. Die Sauce muß schön weiß und dicklicht sein, man thut auch etwas Muskatnuß dazu; auch kann man an Blumenkohl etwas Parmesankäse reiben, das macht es recht gut.

Schwarzwurzeln, sehr gut

Man schabt die Schwarzwurzeln recht weiß, schneidet sie in zweigliedslange Stücke, wirft sie in Wasser mit Mehl und etwas Essig, damit sie weiß bleiben, wäscht sie dann in frischem Wasser aus, nimmt ein Stückchen Butter in den Topf, die Schwarzwurzeln hinein und kaltes Wasser darauf, bis es den Schwarzwurzeln gleich geht und läßt sie gar und kurz einkochen; auch kann man etwas Fleischbrühe nachfüllen; kurz vor dem Anrichten ein wenig Mehl und ein Stückchen Zucker.

Große Ackerbohnen oder sogenannte Saubohnen zu kochen

Große Ackerbohnen oder sogenannte Saubohnen zu kochen: Die ausgekernten Bohnen werden abgebrüht und wenn man sie recht gut haben will, alsdann die äußere weiße Schale abgemacht, aber das ist nicht unbedingt nötig, sie werden auch so gut. Frische oder gesalzene, aber keine ausgelassene Butter in einen Topf gethan, heiß werden lassen, eine Zwiebel ganz oder klein geschnitten dazu, alsdann feines Mehl nach Gutdünken ein wenig schwädmen lassen und dann in die Bohnen hinein. Bei dem Anrichten mit Eigelb und Rahm abgerührt.

Gewöhnliche Bohnen zu kochen

Man thut Butter nach Gutdünken in einen Topf und läßt sie zergehen, die Bohnen grade aus dem kalten Wasser hinein, deckt sie zu und macht wohl Feuer darunter; man darf sie aber nicht aufdecken und drin rühren bis man denkt, sie haben keine Brühe mehr; dann thut man einen Schoppen Wasser dazu und deckt sie wieder und läßt sie stehen bis sie gar sind. Dann nimmt man Butter, Mehl, geriebenes Schwarz- oder Milchbrot, macht es mit dem Löffel untereinander und steckt es mitten hinein, deckt sie wieder zu, läßt sie eine Stunde schwädmen und rührt sie einmal untereinander. Haben sie keine Brühe mehr, so schüttet man welche dazu. Bohnenkraut, Petersilie und etwas Zucker muß man auch dazu thun.

Kleine Böhnchen zuzubereiten

Man ißt sie als Salat, auch als Gemüse. In beiden Fällen lasse man sie ganz, brühe sie ab und lasse sie kalt werden. Will man sie als Gemüse haben, so schütte man beim Anrichten eine Spargelbrühe darüber; als Salat mache man sie wie einen gewöhnlichen Salat, nur etwas mehr Essig wie bei diesem.

Erbsen zu kochen

Man thue frische oder zerlassene Butter in einen Topf, lasse sie recht heiß werden, dann thue man die Erbsen aus dem kalten Wasser hinein, lasse sie eine Weile schwädmen, dann streue man Petersilie, fein Mehl und etwas Zucker darüber und lasse es so eine Weile langsam kochen.

Brech-Spargel

Man bricht die Spargel so lang sie weich sind, thut die Köpfe zurück, brüht sie weich und thut die Köpfe zuletzt dazu. Dann nimmt man Butter, läßt sie recht heiß werden, thut ein wenig Mehl und Fleischbrühe dazu; hat man keine, so nimmt man von der Spargelbrühe; ein wenig Muskatnuß, läßt die Spargel drin schmoren und thut beim Anrichten Eigelb, wenn man will auch Sauce dazu.

Kohlrüben mit einer gelben Sauce

Die Kohlrüben werden geschält und in dünne Scheiben geschnitten, in Salzwasser abgekocht; wenn man sie anrichtet, die Brühe ganz kochend abgeschüttet, auf die Schüssel gethan, etwas Muskatnuß darauf gerieben, dann die gelbe Sauce darüber geschüttet. Die Sauce wird gemacht wie Spargel-Sauce.

Spinat mit Sauerampfer

Man nimmt halb Spinat, halb Sauerampfer, liest ihn aus, kocht und hackt ihn, dann thut man ihn gleich mit einem Stück Butter übers Feuer, eine Stunde schmoren lassen und nur etwas Wasser nachgegossen. Man kocht drei Eier hart ab, nimmt die Dotter heraus und wirft sie drei Stunden lang in einen halben Schoppen kalte Sahne, dann verrührt man sie fein und gießt beim Anrichten die Sahne an das Gemüse; die Eiweis schneidet man in Hälften und setzt sie rings herum auf das Gemüse.

Spinat mit Sauce

Den Spinat schnell abgekocht und eine Hand voll Salz ins Wasser gethan, damit der Spinat schön grün bleibt. Dann das Wasser ausgedrückt, ein Stück Butter zergehen lassen, den Spinat eine Weile schmoren lassen und ganz wenig Fleischbrühe dazu; alsdann etliche Eiergelb in guter Sahne abgequirlt nebst ein ganz klein wenig Mehl an den Spinat gerührt, aber nicht mehr übers Feuer gesetzt.

Blumenkohl zu kochen

Man kocht den Blumenkohl in Salzwasser ab, aber nicht zu gar, thue ihn in eine irdene Seie und decke sie gleich zu. Zur Sauce nimmt man ein achtel Pfund zerlassene Butter, läßt sie zergehen, etliche Charlotten, Zwiebeln und ein Löffel fein Mehl dazu; letzteres so lange in der Butter geschwädmet, bis es im Löffel kocht; dann schüttet man gute Fleischbrühe dazu, läßt alles zusammen stofen; kurz vor dem Anrichten legt man den Blumenkohl hinein, thut etwas Muskatnuß dazu und rührt sie mit einem Eiergelb und saurem Rahm ab. Dies ist ungefähr die Portion zu zwei großen Köpfen.

Wirsingkraut

Wird auf dieselbe Art ausgemacht, nur daß das Ei und der Rahm wegbleiben und es sehr schnell und mit viel Wasser abbrühen muß; in der Sauce mit kaltem Wasser abkühlen.

Rothkraut

Man schneidet die Köpfe durch, wirft die äußeren Blätter weg; reibt die Köpfe auf einem Hobelbrett, salzt das Kraut ein (eine kleine Hand voll), läßt etwas Butter gelb werden (noch besser Gänsefett), drückt das Kraut, legt es hinein. Zwei bis drei geschälte Äpfel nimmt man dazu, gießt Wasser und etwas Rothwein daran (Rothwein ist nicht unbedingt nötig), deckt es zu und läßt es weich kochen. Eine Stunde vor dem Anrichten thut man ganz wenig Essig und etwas Zucker daran. Ein Löffel Mehl als letztes. Dann deckt man es auf.

Rosenkohl zu kochen

Die äußern Blätter werden abgemacht und in Salzwasser abgebrüht, wohl mit Wasser abgekühlt und ein wenig ausgedrückt. Alsdann wird Butter nach Gutdünken in einen Topf gethan, nicht zu heiß werden lassen, etwas Mehl dazu, in der Butter schmoren lassen, dann Fleischbrühe daran geschüttet, auch etwas Muskatnuß dazu, zusammen schmoren lassen, zuletzt das Gemüse dazu getan.

Gelbe Rüben zu stofen

Butter in den Topf, eine Zwiebel dabei, dann die gelben Rüben hinein gewaschen, etwas Fleischbrühe dazu, kochen lassen bis sie gar sind, das Mehl mit kaltem Wasser angerührt, ehe man es dazu thut, etwas Petersilie darunter gehackt und angerichtet.

Portulak

Nachdem man ihn gelesen hat, wäscht man ihn, läßt ihn ungefähr zwei Stunden schwädmen, gießt Fleischbrühe nach; bei dem Anrichten rührt man ihn mit Rahm und Eiern ab; wenn man will, kann man etwas Sauerampfer dazu thun.

(Weitere Gemüse-Gerichte finden sich im Abschnitt: Vegetarische Speisen.)

Wildpret- und Geflügel-Speisen

Wildpret, Geflügel, zahmes, wildes,
ist zur Ergänzung dieses Bildes
auch unter »Vorspeisen« zu finden –
und daß sich ja die Saucen binden!

Wildpret- und Geflügel-Speisen

Hasenbraten

Beim Kaufen muß man versuchen, ob die kleinen Knochen sich brechen; dann ist er jung. Man klopft ihn, auch die Keulen; schneidet sie ab, wäscht den Hasen, zieht die Haut ab. Nach dem Häuten hackt man den Rücken leicht ein, aber nur oben auf, ja nicht ganz durch. Man salzt, pfeffert und spickt ihn. Nun nimmt man dreiviertel Pfund Butter, läßt sie gelb werden, legt den Hasen hinein, erst auf die Rückenseite, und läßt ihn von beiden Seiten etwas anbräunen. Gießt häufig etwas Wasser zu und beschöpft den Hasen oft. Eine Stunde lang etwa braten. Dreiviertel Stunden vor dem Anrichten thut man etwas sauren Rahm daran. Kurz vor der Tafel noch ganz wenig Kartoffelmehl.

Rehbraten

Rehbraten wird auf ganz dieselbe Art bereitet.

Gebackene Gänseleber

Man hackt die Gänseleber mit Mark, weicht ein wenig geschältes Franzbrot in Milch ein, nimmt Salz, Pfeffer, Muskatnuß; auf jede Leber ein Ei, wenn sie groß sind mehrere; rührt dieses all wohl durcheinander, füllt es in kleine mit Butter bestrichene Pasteten-Förmchen und backt sie in einer Tortenpfanne.

Weißes Capaunen-Ragout

Man thut die Capaunen in eine Kasserole mit einem Stück frischer Butter, setzt sie aufs Feuer und thut noch zwei Löffel Mehl hinzu, welches man mit der Butter ein paar Mal aufwallen läßt, damit das Mehl vergehe. Alsdann kommt noch dazu: Fleischbrühe, ein Glas weißen Wein, Zitronensaft, eine Zwiebel mit Gewürznelken besteckt, ein Lorbeerblatt, Petersilienwurzel, einige Charlotten, etwas Knoblauch, Pfeffer, Salz, abgeriebene Muskatnuß. Die Capaunen werden in dieser Brühe gekocht, bis sie gar sind und die Brühe eingekocht ist. Alsdann nimmt man die Capaunen heraus, legt sie auf die Schüssel, rührt zur Brühe noch drei Eigelb und etwas Rahm, schlägt die Brühe durch und richtet sie über die Capaunen an.

Truthahnen Daube

Der Truthahn wird ausgebeint, dann eine Farce gemacht von ein Pfund Hackfleisch, ein halbes Pfund Nierenfett, etwas Leber, Gewürze, Charlotten, Trüffeln, die nicht so klein wie das übrige gehackt werden, ein wenig Thymian, Basilicum, ein in Wasser eingeweichtes Milchbrot, ein paar Eiergelb; die Farce außer den Trüffeln recht zart gestoßen, in den ausgebeinten Truthahn gefüllt, der auf dem Rücken aufgeschnitten wird, dann zugenäht. Oben auf die Brust Speck gelegt, in ein Tuch genäht, in einen Topf gethan, die ausgebeinten Knochen dazu, Zwiebeln, Gewürzel, ein paar Lorbeerblätter, Wasser, einen Schoppen Wein, etwas Charlotten. Die Brühe muß über den Truthahn gehen; so läßt man ihn langsam kochen, bis er gar ist; bei einem jungen sind drei bis vier Stunden genug.

Enten-Pastete mit Gelée und Farce

Man nimmt die Entenleber, auch etwas Kalbsleber, etwas Kalbfleisch, eine gute Portion Charlotten, eine ganze Zitrone mit Saft und Schale, wohl Speck, etwas Pfeffer, Muskatnuß, Salz, alles recht fein gewiegt. Zum Teig nimmt man zwei Pfund Mehl, ein Pfund Butter, zwei Eier, Milch so viel es annimmt, arbeitet den Teig recht gut, nimmt etwas über die Hälfte, mandelt es auf und legt es in die Pfanne. Dann füllt man die Enten mit Farce; die übrige Farce legt man auf den Grund, die Enten darauf und Farce neben herum; man kann einige Zitronenscheiben auf die Ente legen; mit Ei angestrichen, einen Deckel drauf gemacht, mit einer Feder aufgeblasen und neben eingedrückt; dann thut man einen ganz dünnen ausgerollten Deckel darauf, in die Mitte ein kleines Röllchen drauf, mit Ei angestrichen und recht ausgebacken. Die Gelée kann man den Tag vorher machen: dazu nimmt man sechs Kälberfüße, aber ja ungewässerte, die Knochen von den Enten, etliche Rindfleischknochen, einige Lorbeerblätter, etliche Zwiebeln, gelbe Rüben, einen Selleriekopf, ein bis anderthalb Zitronen, eine gute Kanne Wein, eine Kanne Weinessig; wenn es verschaumt ist, etwas Gewürz; hübsch langsam kochen lassen, bis es Zeit ist, daß man es durch ein Tuch laufen läßt; hernach thut man 10 bis 14 Eiweiße hinein und clarirt sie, dann läßt man sie durch ein doppeltes Tuch laufen; wenn die Pastete kalt ist, schüttet man sie hinein. Statt einer Ente kann man auch eine ausgebeinte Gans nehmen oder einige Rebhühner, auch eine Gänsleber dazu; von puren Gänslebern ist es auch sehr gut, dann aber muß man viel Trüffeln in die Farce thun und die Gänseleber mit Trüffeln spicken.

Kaltes Fricassée von Hühnern

Die Hühner schnell und sehr weiß gebraten, die Haut abgezogen und verschnitten, in einen Topf gelegt und eine Sauce oder Bouillon, etwas Gelée die nicht zu gelb ist, den Saft von zwei Zitronen und sechs Eigelb darübergegossen und so stehen lassen. Wenn man sie serviert, die Stücke herausgenommen, auf die Schüssel herumgelegt, etwas Gelée dazu gelegt; dann eine Sauce gemacht und in die Mitte gegossen. Zu dieser Sauce nimmt man von sechs abgesottenen Eiern die Dotter, vier Sardellen, ein Stück Butter, fein geschnittene Kräuter im Mörser gestoßen und durch ein Sieb passiert, dann dies mit Öl und Essig recht zart verrührt.
Nimmt man statt Hühner Fleisch oder Fisch, so wird es abgekocht und dann auf dieselbe Art zubereitet.

Paprika-Huhn mit Reis

Man zieht den Hühnern die Haut ab und tranchiert sie roh und wäscht sie. Man nimmt Mehl, Salz, Paprikapfeffer, vermengt es und paniert die Hühner. Nun läßt man ein halbes Pfund Butter zergehen, legt die Hühner hinein und läßt sie etwas dünsten, gießt etwas, nur ganz wenig Bouillon hinzu und läßt es eine viertel- bis dreiviertel Stunden dünsten. Man nimmt Reis (für zwei Personen ein viertel Pfund), blanchirt ihn einige Male kalt, dann warm; gießt Bouillon darauf und läßt ihn langsam aufquellen (eineinviertel Stunde). Wenn die Hühner weich sind, gießt man über sie etwas sauren Rahm. Man thut etwas geriebenen Parmesankäse hinein, den man außerdem noch zum Reis serviert. – Man kann auch die Hühner kochen und abkühlen und dann erst die Haut abziehen und tranchieren. Dann macht man die Sauce mit Butter, Mehl, Bouillon und etwas Paprikapfeffer; zuletzt sauren Rahm oder etwas süßen Rahm.

Fricassée von alten Hühnern

Man kocht die Hühner am Tage vorher, und am andern Tage tranchiert man sie in Stückchen. Man läßt ein halbes Pfund Butter gelb werden, legt die Hühner hinein und läßt sie von beiden Seiten anschmoren. Man nimmt etwas kalte Bouillon dazu und gießt nach anderthalb Stunden die Sauce ab und schlägt sie durch. Nun legt man die Hühner in eine Kasserole, gießt eine Tasse Weißwein zur Sauce und läßt sie eine Weile verkochen. Dann thut man einige gewiegte Sardellen daran, vier Eidotter und gießt alles über die Hühner. Dann stellt man alles in ein Wasserbad.

An die Sauce kann man noch etwas Citronensaft und Champignons thun.

Reis mit jungen Hühnern oder Tauben

Zu zwei paar Tauben oder jungen Hühnern ein Pfund Reis, der wird abgebrüht, alsdann gießt man gute Fleischbrühe und etwas Mark dazu, läßt es kochen, aber ja nicht zu weich; nun läßt man ihn kalt werden, dann rührt man vier bis fünf ganze Eier hinein, hernach bestreicht man eine Kasserole mit Butter und bestreut sie mit geriebener Semmel, thut den Reis hinein, etwas dick auf den Boden und rund herum; alsdann fricassiert man Hühner oder Tauben, die werden geviertelt, Butter in den Tiegel, Charlotten, Zitronenschale, ein Lorbeerblatt, ein Bündchen Petersilie, Basilicum, ein wenig Thymian, dieses alles daran gethan, ein wenig weißen Wein, alles zusammen schmoren lassen, dann Fleischbrühe daran gegossen, auch etwas Champinions; wenn sie gar sind, streut man einige Löffel Mehl darüber, daß es schön dicklicht wird; dieses nun in Reis gefüllt, oben wieder Reis darauf, drei viertel Stunden backen lassen, alsdann gestürzt und auf den Tisch gegeben. Je mehr Mark man daran thut, desto zarter und besser wird es.

Ausgebackene Tauben

Die Tauben werden geviertelt, Butter in einen Tiegel, einige Charlotten, Zitronenschale, ein Lorbeerblatt, dieses zusammen schmoren lassen, alsdann ein wenig weißen Wein und Fleischbrüh, es gar kochen lassen, dann Mehl drauf gestibt, daß es hübsch dicklicht wird, nun kalt werden lassen; die Tauben recht mit der dicken Sauce bestrichen, dann in Eiweis gewälzt, mit geriebener Semmel bestreut und in Schmalzbutter gebacken, etwas Petersilien mit gebacken und über die Tauben gestreut.

Ausgebackene Hühner auf Wiener Art

Ausgebackene Hühner auf Wiener Art – sehr gut: Zwei bis vier Stunden, bevor man sie backen will, thut man die Hühner ab, schneidet sie in vier bis sechs Stücke, je nachdem sie groß sind, reibt sie mit Salz ein, legt sie auf eine Schüssel, deckt sie zu und läßt sie bis zum Backen stehen, dadurch werden sie recht zart; dann schlägt man ganze Eier aus, auf jedes Huhn wird ein Ei gerechnet, schlägt es recht untereinander, nimmt die Hühner, trocknet sie ganz rein ab, welgert sie alsdann recht in den Eiern, tunkt sie in geriebene Semmel, die muß aber recht fein sein; wenn man will, unter die geriebene Semmel ganz klein gehackte Petersilie. Nun wird Schmalzbutter ganz siedend heiß gemacht und die Hühner schnell darin gebacken (sie müssen Semmelfarbe sein), man backt auch etwas Petersilie zum Zierrath. Auf die nämliche Art macht man es auch mit Tauben. Man gibt es als Beilage zum Gemüs, es wird aber auch bei Diners nach der Suppe gegeben. Die Hühner, oder was man gebacken, lege man einige Augenblicke auf Fließ-Papier, ehe man sie auf die Schüssel legt, wodurch sie allen Fettgeschmack verlieren.

Süße Speisen
und
Nachspeisen

Nachspeisen gibt es viele Sorten:
Aufläufe, Puddings, Cremes und Torten
und alle Arten Süßigkeiten,
die dann zum Backwerk überleiten.

Süße Speisen
und
Nachspeisen

Gebackene Creme von Orangen

Man nimmt ein halbes Maaß gute Milch, läßt sie aufkochen, Zucker und ein Stück Zimmt hinein, von drei Orangen die Schalen abgerieben und das eine Viertelstunde kochen lassen. Wenn es kalt ist, schlägt man es durch. Dann schlägt man acht ganze Eier und vier Eiergelb in ein Geschirr und rührt es mit der gekochten Milch recht durcheinander, schmiert eine Schüssel mit Butter aus, schüttet die Creme hinein, setzt ein Geschirr mit Wasser, worauf die Schüssel gut paßt, aufs Feuer, und wenn das Wasser kocht, tut man die Creme darauf, oben drauf ein Deckel mit Kohlen und so lange gekocht bis die Creme steht. Wenn sie kalt ist, so sticht man mit Formen Stücke heraus. Alsdann schlägt man drei bis vier ganze Eier in ein Geschirr, schlägt sie recht durcheinander, kehrt die ausgekehrte Creme drin herum, bestreut die Stücke mit geriebenem Zweiback und backt sie hübsch hellbraun in Schmalzbutter.

Blanc manger

Man nimmt neun Loth süße und drei Loth bittere geriebene Mandeln, drei Schoppen Sahne, drei Löffel Zukker und etwas Orangenwasser. Tags vorher kocht man von Kälberfüßen eine steife Gelee, damit tut man alle vorgenannten Sachen zusammen und rührt es auf Kohlen bis es kocht. Dann gießt man es durch ein feines Beuteltuch und tut es in eine Form, bis es ganz kalt und steif ist. Hernach stürzt man es auf eine Schüssel um und bestreut es mit klein geschnittenen Pistazien.

Gebackene Pflaumen

Gebackene Pflaumen – gut: Man nimmt getrocknete Pflaumen, kocht sie, kernt sie und steckt statt des Kernes eine geschälte Mandel hinein, macht einen Teig aus Mehl, Eier, Zucker, Sahne und Branntwein, schlägt sie hinein und backt sie in Schmalz.

Eine Apfelschüssel

Gute Äpfel geschält und in feine Scheiben geschnitten, Zucker, Zimmt, Milchbrot oder Eierweck gerieben, untereinandergetan, eine Blechschüssel mit süßer Butter beschmiert, eine Lage Äpfel, dann den Zucker, Zimmt und Brot darauf gestreut, kleine Stücke süße Butter dazu und so fortgefahren; am Ende ein Glas Wein darüber gegossen; Weckmehl, Zucker und Butter machen den Beschluß.

Gute Creme

Ein Löffel voll feinem Mehl wird mit einem halben Schoppen Milch glatt gerührt; von neun Eiern das Gelbe, ein Schoppen süßen Rahm dazugerührt, Zimmt soviel man zwischen drei Fingern nehmen kann, eine Zitrone auf Zucker abgerieben und noch Zucker dazu bis es süß genug ist; dieses unter beständigem Rühren aufgekocht, durch ein Sieb getrieben und kalt werden lassen. Nimm alsdann zwei Pfund Kirschen, zur Hälfte saure, zur Hälfte süße (man kann auch bloß saure nehmen), lasse sie ausgekernt mit einem Stückchen Zucker ein wenig aufkochen und kalt werden. Nimm eine Schüssel, bestreiche den Boden mit der kalten Creme, lege die Kirschen darauf, decke sie mit der kalten Creme zu, streue Messerrücken dick gestoßene Makronen oder Bisquit darüber, ganz oben mit Zucker bestreut, mit einer glühenden Schaufel gelb gebrannt, alsdann mit schönen Kirschen belegt und kalt gegessen.

Englischer Pudding

Die Rinde von vier Weißbroten schneidet man recht dünn, weicht sie in einen Schoppen Milch ein, nachher sechs Eier, ein viertel Pfund große und ein viertel Pfund kleine Rosinen, vier Loth klein geschnittenen Zitronat, die Schale von einer Zitrone ganz klein geschnitten, zwei Löffel Zucker, sechs Loth klein gewiegtes Mark oder Butter, ein wenig gestoßenen Zimmt; die Form mit Butter bestrichen, mit Weckmehl ausgestreut, die Masse hineingetan und zwei Stunden in heißem Wasser kochen lassen. Hierzu eine Wein-Sauce: Zu der Sauce vier bis fünf Eigelb, diese mit ein wenig Mehl verrührt, Wein und Zucker nach Gutdünken und auf dem Feuer gerührt bis es dick wird. – Kirsch-Sauce wird ebenso zubereitet.

Chokolade-Auflauf

Chokolade-Auflauf (für sechs bis acht Personen): Man schält zwei Franzbrote und weicht sie einige Stunden in einem halben Schoppen Sahne; dann rührt man sie recht fein und kocht sie eine Viertelstunde zu einem Brei. Man läßt dies kalt werden, nimmt fünf Eigelb, etwas Zucker und Zimmt nach Gutdünken, ein achtel Pfund Chokolade klar gerieben und den geschlagenen Schnee von den fünf Eiweiß dazu getan. Man streicht einen Reif mit Butter aus, streut Semmelkrümchen hinein, schüttet die Masse hinein und läßt es dreiviertel Stunde backen. Oben streut man noch Zucker und Zimmt darauf und richtet es im Reif an.

Kirschpudding

Man schält drei Franzbrot, schneidet sie in Stücke, weicht sie ein paar Stunden in Milch und reibt sie klar. Drei Eigelb, zwei Löffel Zucker, etwas Zimmt, die drei Eiweiß zu Schnee geschlagen, ein halbes Maaß ausgekernte saure Kirschen, die Kerne aufgeklopft und dazugetan. Dies alles zusammen gerührt, ein knappes viertel Pfund ungesalzene zerlassene Butter dazu. Eine Serviette mit Butter geschmiert, hineingegossen, zugebunden, eine Stunde in Wasser gekocht und angerichtet. Man nimmt noch eine Kanne saure Kirschen, kocht sie mitsamt den Kernen und Stielen recht kurz mit Zucker ein, schlägt sie durch und richtet sie darüber an.

Kirsch-Igel

Man nehme drei Franzbrot, rasple sie ab, mache oben hin und wieder Kreuzstiche hinein, fünf Eier und ein halbes Maaß Milch wohl untereinander geschlagen und die Franzbrote darin weichen lassen, bis sie alles in sich eingesogen haben. Dann backt man sie langsam und gelblicht in Schmalzbutter, nimmt hierauf ein reichliches halbes Pfund getrocknete Kirschen, stößt sie mit den Kernen im Mörser und kocht sie recht zart in Wasser; hernach passiert man sie durch einen Durchschlag mit einem halben Schoppen Wein, dann tut man Zucker daran und ein Stück Zimmt und läßt es wohl kochen bis es dicklicht ist. Die Franzbrote werden mit grob geschnittenen Mandeln besteckt, dann schüttet man die Brühe warm darüber, daß sie, bis sie kalt werden, die Brühe recht einziehen. Die Franzbrote müssen aber ganz frisch sein.

Äpfel mit Creme

Borsdorfer Äpfel werden ganz geschält, der Kröps herausgestochen, in Wasser übersotten, herausgenommen, Zitronensaft daraufgedrückt, daß sie hübsch weiß bleiben. Die Creme wird gemacht von Eiern, Milch und Mehl, zu einem halb Maaß Milch zwei Kochlöffel Mehl und acht Eigelb gut kochen lassen, aber immer rühren, sonst läuft es zusammen. Wenn die Creme abgekühlt ist, über die Äpfel gegossen und im Ofen gebrüht. Die Äpfel können auch mit Eingesottenem gefüllt werden; das muß aber geschehen, ehe die Creme darüber kommt. Die Creme kann auch mit gutem Wein und geriebenen Bisquit gemacht werden: zu drei Schoppen Wein ein viertel Pfund

Bisquit und sechs Eigelb in allem gemacht wie die vorige; anstatt im Ofen wird Zucker darauf gestreut und mit der Nudelschaufel glasiert, die Schaufel muß aber sehr glühend sein.

Gebrannter Creme

Eine Kanne Milch läßt man mit ganzem Zimmt und ein wenig Zucker sieden, rührt vier Eiergelb und zwei Löffel Mehl mit kaltem Wasser ab, rührt es in die siedende Milch; es wird so lange gerührt, bis es so dick ist wie ein Brei; dann tut man es in die Schüssel, bestreut es dick mit Zucker, macht eine Feuerschaufel glühend und darauf gehalten, daß der Zucker dunkelgelb wird. Es muß warm auf den Tisch.

Himbeer-Creme

Die Himbeeren werden ausgelesen und durch ein Haarsieb getrieben; soviel man Himbeer-Mark hat, soviel und etwas mehr nimmt man gute Sahne; eine Zitrone auf Zukker abgerieben und noch Zucker dazu bis es süß genug ist. Dieses alles wird mit einem Beselein untereinandergerührt und zu Schaum geschlagen; dann wird der Schaum mit einem durchlöcherten Löffel abgeschöpft und auf die Schüssel gelegt und so bis zum Gebrauch in den Keller gestellt.

Gefüllte Zitronen

Man muß ein wenig zart geriebenes Franzbrot in Zukker rösten, unter gehackte Mandeln rühren, mit ein wenig süßem Wein anfeuchten, Zimmt und Cardamon nebst ein wenig frischem Zitronenmark, wenn man will kann man auch klein gehacktes Zitronat daruntermischen; diese Masse wohl untereinandergemengt, in eingemachte Zitronenschale füllen, mit Eiweiß und zart geriebenem Franzbrot bestrichen und geschwinde in Schmalzbutter gebacken. Alsdann nimm guten süßen Wein und Zucker in einen Topf, aufsieden lassen und es als Sauce darüber anrichten. Man kann es aber auch trocken geben.

Apfel-Charlotte

Die Äpfel werden geschält und in dünne Scheiben geschnitten, dann mit Zucker und etwas ungesalzener Butter geschmort. Nun beschmiert man eine Kasserole mit Butter, legt sie unten und neben mit zierlich geschnittenen Semmelscheiben aus, dann die Äpfel hineingetan, ein viertel Stunde im Backofen gebacken und dann gestürzt. – Ist ein einfaches und sehr gutes Gericht. – Die Speise kann man nach Geschmack noch verbessern, indem man Rosinen mit etwas geriebenen Mandeln hinzugibt und schichtweise zubereitet. Man kann auch noch etwas Wein und Rum darangießen.

Backwerk

Hier folgt das Backwerk und die Zweige
der Blätter-, Hefen-, Butterteige:
Man muß sie rühren, muß sie kneten,
dann gibt es köstliche Pasteten,
Fruchttörtchen, Kuchen und Makronen,
sogar gebackene Zitronen.

Backwerk

Blätterteig

Blätterteig (gut): Ein Pfund ungesalzene Butter, ein Pfund Mehl und einen halben Schoppen Wasser. Man nimmt das Mehl auf ein Backbrett und macht in der Mitte ein Loch hinein, gießt das Wasser nach und nach drauf und wirkt ihn mit den Händen untereinander. Dann drückt man die übrige Butter recht aus und legt sie oben auf den Teig, schlägt ihn drüber weg und rollt ihn mit dem Kuchenroller auf. Wenn er sechs Mal zusammengeschlagen und wieder aufgerollt ist und man gar keine Butter mehr sieht, dann ist er gut; wenn die Butter dran ist, sehr wenig mit den Händen, blos mit dem Kuchenrolle verarbeitet.

Einen guten Teig

Nimm ein Pfund Mehl, dreiviertel Pfund ungesalzene Butter, ein Ei, alles gleich zusammen und Wasser so viel als der Teig annehmen will, man arbeitet ihn recht gut durcheinander. Man kann ihn zu recht vielem brauchen.

Teig zu Torten

Man nimmt anderthalb Pfund Mehl, ein Pfund ungesalzene Butter, ein Ei, ein wenig klaren Zucker, die Butter erst zu Schaum gerührt, dann alles untereinander, etwas Mehl zurückgehalten bis zum Aufmandeln; dieser Teig wird mit Eigelb bestrichen.

Einen Teig zu allen kalten Pasteten

Man nehme zu einer Pastete vier oder fünf Maaß Mehl, tue solches auf ein sauberes Brett, mache ein Loch in das Mehl, salze es, tue ein oder anderthalb Pfund Schmalz hinein, gieße siedendes Wasser daran, aber nicht zu viel, mach auf einer Seite ein Löchlein, schlage drei oder vier Eier dran oder schlage die Eier in ein Hefelin, rühr es mit ein wenig Wasser ab, dann gieße es in den Teig, hernach würke es wohl untereinander, mach es aber nicht zu fest, denn wenn der Teig kalt wird, wird er ohnehin fest. – Davon kann man aufgesetzte und übergeschlagene Pasteten machen. Man kann ihn zu allen groben kalten Pasteten verwenden und allerhand hineinschlagen wie Reh, Hasen, Fasanen, Rebhühner, Hühner, wilde und zahme Gänse, Enten, Rind- und Kalbfleisch und so weiter.

Einen abgerührten Butterteig zu machen

Nimm ein oder anderthalb Pfund Butter in eine irdene Schüssel. Hernach nehme einen starken Koch- oder Rührlöffel, rühre die Butter herum bis sie weich ist. Alsdann schlage sechs Eierdotter eines nach dem andern hinein, rühre es wohl untereinander, dann nimm zwei oder dritthalb Maaß recht schönes Mehl, ein halbes Maaß gute Milch, gieße einen Löffel voll nach dem andern daran und rühre es alle Zeit herum, salze es, rühre auch einen Löffel Mehl nach dem andern herein bis es recht fest ist; hernach tue den Teig heraus auf ein Backbrett, streue vorher Mehl darauf, dann schütte den abgerührten Teig darauf, bestreue den Teig mit Mehl, treibe ihn auf zwei Blätter aus, mache eine Pastete in eine Schüssel; darein kann man von jungen Sachen füllen, was nicht lange backen darf, so ist der Teig fertig.

Einen mürben Teig zu machen

Zu dem mürben Teig nimm zwei Pfund Mehl, anderthalb Pfund Butter, zwei ganze Eier und vier Dotter, ein wenig Salz, tue es hernach mit den Händen untereinandermischen, dann nimm einen sauren Rahm und mache den Teig damit an, aber nicht zu lind. – Willst du aber den Teig nicht so fein haben, so nimm zu zwei Pfund Mehl nur ein Pfund Butter; so du keinen sauren Rahm hast, so nimm ein Glas weißen Wein und etwas Wasser; er wird auch damit gut.

Kirsch-Torte

Dreiviertel Pfund ungesalzene Butter wird zu Schaum gerührt, ein ganzes Ei dazu, eine halbe Obertasse klaren Zucker, zuletzt ein Pfund Mehl; davon behält man etwas zurück. Man nimmt die große Hälfte Teig auf ein Backbrett, rollt ihn aus und legt ihn in die Tortenpfanne. Auf den Grund tut man halb zu halb gestoßenen Bisquit und gestoßene Makronen. Dann werden vier Pfund saure Kirschen ausgekernt, nicht ausgedrückt, nur ablaufen lassen so lange man kernt; die Kerne werden gut ausgeklopft und unter die Kirschen gemischt. Die Kirschen nach Gutdünken eingezuckert und gleich eingefüllt, weil sie sonst zu viel Brühe ziehen. Nun den Deckel aufgerollt, hin und wieder Löcher hineingestoßen, darüber gelegt, neben zusammengebogen, mit nichts bestrichen und schön gelb gebacken. Wenn die Torte aus dem Ofen ist, sie eine Weile in der Form stehen lassen, herausgenommen und mit Zucker bestreut.

Mandel-Torte

Ein Pfund Zucker und ein Pfund süß geriebene Mandeln, sechzehn Eigelb, eines nach dem andern, eine abgeriebene Zitrone, die sechzehn Eiweis zu Schnee geschlagen und auch dazu, alles zusammen eine ganze Stunde immer in einer Richtung gerührt. Der Teig wird gemacht wie bei der nachfolgenden Brottorte, die Masse hineingefüllt und schön gelb gebacken.

Brot-Torte

Man nimmt ein halbes Pfund Mehl, ein halbes Pfund ungesalzene Butter, ein Ei und macht einen Teig davon. Wenn er aufgemandelt ist (aufgerollt), tut man ihn gleich in die Tortenpfanne. Dann nimmt man ein Pfund klaren Zucker, ein halbes Pfund feingestoßene süße Mandeln, zwei Loth Zimmt, sechzehn fein gestoßene Nelken, eine

Muskatnuß, zwölf Eiergelb, die zwölf Eiweiß zu Schnee geschlagen und auch dazu getan, eine Stunde in einer Richtung gerührt; zuletzt werden zehn Loth geriebene Brotrinde (die Rinde muß zuerst hart geröstet sein) und eine Zitrone dazu gerieben. Das ganze noch ein wenig gerührt, dann in den Teig gefüllt und schön gebacken.

Nonnenseufzer

Koche einen Schoppen Milch, nimm es vom Feuer und rühre drei Hand Mehl hinein, eine welsche Muskatnußgroß ungesalzene Butter, fünf bis sechs Eier eins nach dem andern hinein, zart gerührt und langsam in Schmalzbutter gebacken, wohl geschüttelt beim Backen, dann auf Löschpapier gelegt, dann auf die Schüssel und mit Zucker bestreut.

Chokolade-Gebackenes

Reichlich ein halbes Pfund ungeschälte Mandeln fein gestoßen, ein halbes Pfund fein gestoßenen Zucker, ein halbes Loth Zimmt, sechs Loth geriebene Chokolade, ein Eiweiß wohl geschlagen, einen Löffel voll Mehl, einige Löffel Milch, dieses alles untereinandergerührt, von dem Zucker etwas zurückbehalten, den Teig ausgewürkt, in die Form gepreßt und gebacken.

Gebackene Zitronen

Man lasse feines Mehl warm werden, tue halb so viel Zucker dazu, zwei Eiergelb und drei Löffel Zitronensaft, mache einen dünnen Teig davon, schneide Zitronen nebst der gelben Schale in Scheiben, tunke sie in den Teig und backe sie in Schmalzbutter.

Glänzende Geduld oder Windchen

Glänzende Geduld oder Windchen – sehr gut: Sechs Eiweiß zu einem recht steifen Schnee geschlagen, dann ein halbes Pfund fein gesiebten Zucker und eine abgeriebene Zitrone daruntergerührt, mit einem Teelöffel aufs Papier gesetzt und dann in keinem zu heißen Feuer gebacken.

Makronentorte

Man legt ein Pfund Mandeln in kalt Wasser, stößt sie hernach ein wenig gröblich, ein halbes Pfund Zucker, von zwei Zitronen die Schale dazu gerieben und ein wenig Zitronat klein geschnitten, tut alles untereinander nebst vier zu Schaum geschlagenen Eiweiß, mandelt Teig in die Tortenpfanne, füllt die Masse hinein, streut ein wenig Zimmt darüber und läßt es backen.

Mailänder Kuchen

Man nimmt ein Pfund feines Mehl, achtzehn Loth fein gesiebten Zucker, ein eigroß frische Butter, die abgeriebene Schale einer Zitrone, zwei Eßlöffel Rosenwasser und drei Eier. Erst verrührt man die Butter zu Schaum, dann tut man den Zucker und das andere nach und nach auch hinzu und verrührt es, bestreicht die Tortenpfanne mit frischer Butter und ein wenig Mehl und tut den Teig hinein, macht ihn mit einem Messer glatt und streicht ihn mit Eigelb an. Dann läßt man ihn auf gelindem Feuer backen bis er braun ist.

Sandtorte

Sandtorte – sehr gut: Ein Pfund süße Butter wird zu Schaum gerührt; dies ist die Hauptsache, daß es recht verrührt bis es Blasen gibt; dann ein Pfund recht gutes Stärkemehl dazu, dann ein Pfund recht fein gestoßenen und gesiebten Zucker, dann sechs Eiergelb und zwölf Eiweiß nach und nach dazugerührt (die zwölf Eiweiß werden zu Schnee geschlagen und zuletzt dazugerührt), auch etwas Vanille dazugetan, die Masse recht lang und immer in einer Richtung gerührt; wenn es fertig gerührt ist, wird es in die Tortenpfanne, die mit süßer Butter bestrichen ist, eingefüllt und langsam ausgebacken.

Echaudés

Echaudés zu machen – sehr gut: Man nimmt einen knappen Schoppen gute Milch, knapp fünf Loth Zucker und drei achtel Pfund süße Butter, tut es in eine Pfanne und läßt es kochen; nimmt drei achtel Pfund Mehl, verrührt es glatt, läßt es auf dem Feuer bis es sich von der Pfanne ablöst, nimmt dann den Teig heraus in eine tiefe Schüssel, schlägt sechs Eier eines nach dem andern hinein, bestreut ein Blech mit Mehl und tut den Teig in Häufchen mit einem Löffel darauf. Es muß aber gleich in den Ofen kommen, denn sie verlaufen gern. Sie werden warm gegeben. Wenn man Orangenzucker nimmt, gibt es einen angenehmen Geschmack. Man kann im Winter Orangenscheiben auf Zucker abreiben und es aufheben, das ist sehr gut.

Obstkuchen mit Guß

Obstkuchen mit Guß – sehr gut: Zum Teig sechzehn Loth Mehl, zwölf Loth süße Butter, acht Loth Zucker, ein Weinglas von weißem Wein und ein ganzes Ei; dieser Teig wird recht gut gemacht, aufgemandelt, in die Tortenpfanne getan, auf den Boden etwas gestreut, das Obst hineingefüllt und in den Backofen geschoben. Wenn nun der Teig mit dem Obst schön über halb gar ist, kommt der Guß darauf, welcher aus folgendem besteht: drei Eigelb, drei Eiweiß zu einem festen Schnee geschlagen, einen Schoppen guten sauren Rahm und Zucker und Zimmt nach Belieben darauf, nun wieder in den Ofen. Wenn der Kuchen gut ist, darf er oben nur hellgelb sein.

Eine vortreffliche Obsttorte

Zwölf Loth ungesalzene Butter läßt man in einer tiefen Schüssel zergehen, dann ein ganzes Ei, zwölf Loth Mehl, drei viertel Pfund geriebene Mandeln, drei viertel Pfund Zucker: dieses alles zusammen recht zart verrührt und auf ein Blech, welches mit Butter bestrichen ist, aufgestrichen und es backen lassen bis es Bisquitfarbe hat. Ein viertel Pfund Mandeln geschält und lang geschnitten, in Butter und Zucker gelb geröstet, die Torte, wenn sie noch warm ist, damit besteckt, ringsum und ins Kreuz, man belegt sie mit zweierlei eingemachten Obst und bestreut sie mit Zucker. Man kann auch vierlei Obst nehmen, auch einerlei wie man will; sie muß immer auf einem Blech gebakken werden, nicht auf einer Tortenpfanne. Man verdoppelt die Portion je nachdem man sie größer haben will; es ist eine vortreffliche Tortenart. Das Obst legt man gut daumendick darauf: eingesottenes Obst, Marmelade, was man haben will.

Sehr gute Apfelküchlein

Man nehme zu einer kleinen Portion ein Eßlöffel Mehl, rühre es mit kaltem Wasser an, ein Löffel fein geriebenen Zucker auch in den Teig getan, daß es wie ein Omelette-Teig wird; dann die Äpfel geschält und in runde Scheiben geschnitten, diese in den Teig getan, nur so viel an den Äpfeln hängen bleibt; dann in Schmalzbutter gebacken, mit Zucker und Zimmt bestreut und warm auf den Tisch gegeben. Je nachdem man mehr Personen ist, vermehrt man immer in demselben Verhältnis die Portion.

Schlemmer-Speisen

Die Schlemmerspeisen sind vergangen,
nur noch im Märchen eingefangen –:
Nur Prinzen mit dem Märchenmagen,
wir können sie nicht mehr vertragen;
nur Prinzen aus den Märchenzeiten,
wir können sie nicht mehr bestreiten.

Schlemmer-Speisen

(Es folgt hier eine Speisefolge für den Schlemmertisch)

Krebssuppe

Man nimmt Krebse je nachdem man mehr oder weniger Suppe machen will, zu einer gewöhnlichen Schüssel etwa zwei Pfund. Die frischen Krebse werden sauber gewaschen, hernach mit ein wenig Salz abgesotten. Dann bricht man die Krebse aus, ganz oder nur die Schwänze, putzt die Schalen sauber und stößt sie in einem Mörser gut klein. Nun nimmt man einen Tiegel, tut gut ein halb Pfund Butter oder Schmalz hinein, setzt es auf Kohlen, tut die gestoßenen Schalen und die Butter in den Tiegel, röstet es bis die Butter rot wird oder aufsteigt. Hernach, wenn man eine Fastensuppe machen will, kann man vorher Erbsen kochen und dann Erbsenbrühe daran schütten, tue auch Sellerie und Petersilienwurzel daran und lasse es wohl kochen. Schüttet man aber Fleischbrühe daran, so tut man ebenfalls Sellerie und Petersilienwurzel dazu und noch ein Stück Semmel hinein. Wenn es eine gute Weile gekocht hat, passiert man es durch ein Haarsieb. Die Eier von den Krebsen, wenn sie welche gehabt haben, kann man auf die Suppe streuen, die durchgetriebene Suppe kann wieder in einen Tiegel getan und also gekocht werden. Hernach kann man Semmel einschneiden oder vorher brechen und die Suppe kann mit aufs Feuer gesetzt und mit angerichtet werden. Man versucht es noch auf das Salz und ein gut Gewürz daran getan, so ist es recht. Die Krebseier können daraufgestreut werden. Von den Krebsschwänzen kann ein gut Ragout über die Suppe oder ein Ragout extra mir Morcheln oder Artischocken, Kälberbries oder Kalbseuter und dergleichen mehr gemacht werden.

Eine Oli

Man nimmt dazu: 3 Pfund Kalbfleisch, 3 Pfund Schöpsenfleisch, 4 Kälberfüße, 3 junge Hühner, 4 junge Tauben, 8 Krammets-Vögel, 3 Pfund Schweinefleisch, 8 Bratwürste, 2 Pfund dürren Speck. Das Fleisch muß alles vorher angeloffen oder abquelt und sauber ausgewaschen werden; das Schöpsenfleisch ist vorher gut gar zu kochen. Hernach nimmt man einen Weißkohl, zwei Wirsing, putzt sie sauber und kocht sie ein wenig ab; drei Pasternath, vier gelbe Rüben, fünf Zucker- oder andere ausgebrochene grüne Erbsen, richte dieses alles in eine verzinnte Schüssel schön lagweise untereinander, tue gut Gewürz dazu, seihe auch gute Fleischbrühe darauf und decke es wohl zu. Setze es dann auf Kohlen und lasse es eine Weile wohl kochen. Wenn alles weich und gar ist und es Zeit ist zum Anrichten, so kann man eine große Potage-Schüssel nehmen, diese auf Kohlen setzen und es schön lageweis so hoch als man kann anrichten und diese Brühe darauf schütten. Daß es ja warm auf den Tisch kommt, denn am Anrichten ist viel gelegen, und daß es auch zierlich und schön garniert wird.

Ein Ei so groß wie ein Kürbis zuzurichten

Man nimmt 50 oder mehr Eier und sondert die Dotter und das Weiße überall voneinander. Die Dotter mischt man gelinde untereinander und tut sie in eine Blase, die man fein rund zusammenbindet und in einen Topf voll Wasser tut. Wenn der aufwallt und man urteilt, daß sie hart gesotten sind, nimmt man sie heraus und tut das Weiße dazu, dergestalt, daß dieser Dotter-Ballen wohl in die Mitte komme und läßt es wieder kochen, so wird man ein kürbisgroßes Ei haben ohne Schale. Die Schale macht man also daran: Man nimmt schöne weiße und klare Eierschalen und reibt sie zu dem allerfeinsten Pulver, läßt sie dann in starkem Essig oder besser in destilliertem Essig beitzen, bis sie weich werden. (Denn wenn ein Ei eine Zeitlang in Essig liegt, so wird seine Schale so aufgelöst und zart, daß man es leicht durch den engen Hals einer Flasche in diese hineinbringen kann. Wenn man dann kaltes Wasser in diese Flasche gießt, so wird es wieder hart wie zuvor.) Wenn nun diese im Essig aufgelösten Schalen weich sind wie eine Salbe, trägt man sie mit einem Pinsel auf das Ei auf und macht dem gekochten Ei dadurch eine Schale, die man in frischem Wasser hart werden läßt. So hat man ein rechtes natürliches Ei in Kürbisgröße als nächsten Gang.

Kapaunen gefüllt mit Austern und gebraten

Man nehme Kapaune, die nicht alt sind, brühe sie sauber, verbrühe sie aber nicht; dann putzt man sie sauber ab und legt sie in kaltes Wasser. Die Eingeweide und den Kropf nimmt man heraus und wäscht die Kapaunen außen mit Wasser und inwendig mit Wein aus. Dann durchgreife man die Haut auf der Brust, daß sie von dem Brustfleisch los wird, danach nehme man Austern aus den Schalen, tue sie in eine Schüssel, lasse ein viertel Pfund Butter zergehen, gieße die Butter an die Austern, tue gestoßene Muskatblüth und von einer Zitrone die Schale gerieben daran, menge es untereinander und fülle es beim Hals zwischen Fell und Fleisch. Hat man genug Fülle, so kann man den Leib auch vollfüllen und dann mit einem Faden zunähen und den Hals zubinden. Dann nehme weiß Papier, schmiere es mit Butter aus, wickele den Kapaun darein und umbinde es mit einem Faden, stecke den Kapaun an einen Spieß, lege ihn ans Feuer, setze eine saubere Bratpfanne darunter; nehme auch eine Pfanne, tue Butter darein und begieße den Kapaun damit. Danach aber kann man ihn nur aus der Bratpfanne begießen. Lasse es dreiviertel Stunde oder eine Stunde lang braten, begieße es auch immer fleißig; man kann auch eine viertel Stunde vor dem Anrichten das Papier hinwegtun, sie noch einmal mit frischer Butter begießen und sie dann noch ein wenig braten lassen. Alsdann richte die Kapaunen an, gieße das abgetropfte Fett oben darauf und gib sie warm auf den Tisch.

Austern-Sauce hierzu

Man nehme 200 Austern, mache die Bärte ab, stoße sie im Mörser, schwädme sie in frischer Butter, tue ein wenig Fleischbrühe dazu, schütte Fleischbrühe darauf und lasse sie wohl kochen. Danach schlägt man sie durch und läßt sie wieder kochen. Dann tut man die Austern hinein und läßt sie nur ein oder zweimal aufkochen. Wenn man sie anrichtet, drückt man den Saft von vier Zitronen hinein und acht Eiergelb.

Schinken mit Champagner Wein Nachessen

Nehme einen kleinen, recht zarten, gut gesalzenen und geräucherten Schinken, koche ihn wie gewöhnlich ab. Dann löse die Haut ab, schneide das schwarze nebenherum weg, lege ihn in einen Topf, eine Flasche Champagnerwein und einen Schoppen recht gute Chü dazu, nicht zugedeckt und so den Schinken langsam drinnen umgedreht, sodaß er eine schöne Glasur bekommt. Dann den Schinken auf die Schüssel gelegt, auf der Herdplatte stehen lassen, daß er warm bleibt; zur Sauce einen Löffel Mehl, noch eine Flasche Champagner und einen halben Schoppen gute Chü dazu gethan, nicht mehr kochen lassen, stehen lassen, daß es warm bleibt; beim Anrichten durch ein Haarsieb getrieben und über den Schinken geschüttet.

Einen englischen Kicks

Nimm fünf bis sechs Kannen gute Milch, lasse sie zu Käse gerinnen, lasse den Käse alsdann wohl trocken ablaufen, damit keine Molken drinnen bleibt und stoße es in einem Mörser wie einen Teig. Weiche ein paar Semmel in Milch ein, drücke sie wohl aus und stoße es mit im Mörser. Tue es in eine Reibschale, rühre es mit einer Reibkelle wohl, gieße nicht ganz ein halb Pfund klare Butter hinein, schlage auch vier ganze Eier und zwölf Dotter nach und nach mit stetem Rühren dazu, nimm auch eine gute Hand voll geriebener Semmel, ein wenig Salz und Macis, dann nicht ganz eine Boudellie Sect, von zwei Zitronen die Schalen abgerieben und gesiebten Zucker so süß man es haben will, dieses rührt man alles zusammen wohl ab, alsdann kann mans in eine Ring- oder Mandelform gießen und läßt es im Backofen langsam backen, so ist es fertig.

Apologie des Dichters

Warum auch Dichter gern gut essen? –:
An andern Mitmenschen gemesen,
ist das nicht gerade unverständlich,
denn nur die Dichtung ist unendlich,
der Dichter aber selbst ist sterblich,
drum ist »das Wohlbehagen erblich«.
Und Dichtung kommt aus Inervierung,
drum ist gut Essen nicht Vertierung.
Selbst Goethe, der doch viel gestrebt,
hat gut zu Essen vorgelebt.
Wer sich erdreistet, das zu richten,
soll erst einmal »Pandora« dichten.

Gewürze, die immer vorrätig sein müssen

Muskatnuß
Basilikum
Thymian
Pfeffer
Pimpernell
Sellerie
Petersilie
Nelken
Lorbeerblüten
Charlotten
Kapern
Sardellen
Drachant
Kerbel
Boretsch
Sauerampfer

Für abends empfohlen

Gefüllter Salat
Gefüllte Nudeln
Nierenschnitten
Cannapées
Kälberbröschen
Croute de Champignons
Fisch-Klöschen
Aal

Sophie Charlotte Schlosser-du Fay

»Ich eß, was ich will – und ich leid, was ich muß ...« war der Wahlspruch der Frau Rat Sophie Schlosser, der Gattin Friedrich Schlossers aus Frankfurt, dessen freundschaftliche Beziehungen zu Goethe allgemein bekannt sind. Diese bedeutende Frau mit ihren in einer streng katholischen Weltansicht verwurzelten Grundsätzen wußte trotzdem zu leben – oder vielleicht grade darum? – und mit ihr der Kreis jener Persönlichkeiten, die sich alljährlich auf Stift Neuburg bei Heidelberg, ihrem Sommersitz, zusammenfanden. Viel wurde dort gedacht, viel reifte dort in langen und gemeinsamen Gesprächen, dort wurde viel und gut gemalt, gezeichnet und gedichtet – aber ebenso auch viel und gut gegessen. –

»Alle Kultur geht vom Magen aus« . . . so lautet ein Ausspruch Friedrichs des Großen; Frau Rat Schlosser ging trotz ihrer anders orientierten Weltanschauung mit dem großen Preußenkönig hierin einig.

Bei einem jener Tischgespräche auf Stift Neuburg, als die Rede auf die überseeische katholische Mission kam, war es, daß Clemens Brentano zu dem Hausgeistlichen seines Gastgebers Friedrich Schlosser (Schlosser hielt sich für die Kapelle der ehemaligen Benediktiner-Abtei Stift Neuburg einen Hauskaplan, der gleichzeitig als Bibliothekar fungierte) die scharfe Äußerung tat: »Sie sind noch jung, gehen Sie in die überseeische Mission, dort haben Sie eine Aufgabe – hier sind Sie doch nur Luxusgeistlicher.« Diese von Clemens Brentano in seiner leidenschaftlichen und eindringlichen Art und Weise hingeworfene Bemerkung war schuld, daß dem Kaplan an jenem Tag das gute Essen der Frau Rat nicht mehr so schmeckte – und am nächsten

Morgen bat er Friedrich Schlosser um seine Entlassung, um sich künftig ganz der überseeischen Mission zu widmen, da das harte Wort Clemens Brentanos sein Gewissen wachgerüttelt habe.
Und ein anderes Mal, als der Bischof von Speier, der neben dem Erzbischof von Mainz, dem Erzbischof von Freiburg und vielen anderen hohen geistlichen Würdenträgern ein häufiger und gern gesehener Gast war auf Stift Neuburg, wieder einmal dort weilte und man an einem warmen Sommerabend auf der Terrasse überm Neckartal mit dem Blick aufs jenseitige Ufer und den Königstuhl die Mahlzeit einnahm und am Fuß des Berges gegenüber an dem Fluß entlang die damals grade erst gelegte Eisenbahn vorüberfuhr (es mag ein primitives und bescheidenes Bähnchen gewesen sein) und dampfend und rasselnd die abendliche Stille störte, da wandte sich die konservative Frau Rat Schlosser zum Bischof von Speier und meinte: »Nicht wahr, Exzellenz, damit fährt der Teufel?« – »Gewiß, Frau Rat«, war die überlegene Antwort des weisen Kirchenfürsten, »aber auch der liebe Gott.«
Das waren Tischgespräche vor nun bald hundert Jahren bei Frau Rat Schlosser auf Stift Neuburg, wo ihr an der Tafel gegenüber allsommerlich Marianne von Willemer – Goethes Suleika – saß, damals das »Mütterchen« genannt – sic transit . . ., deren bei einer ähnlichen Gelegenheit von Eduard von Steinle gezeichnete Porträtskizze heute im Goethehaus in Frankfurt hängt. Darunter steht von Marianne Willemers Hand geschrieben: »Vortrefflich ist das Mienenspiel« . . .
Von dieser Zeit erzählte mir, als ich noch Junge war, sehr oft mein Vater, der selbst in seiner Jugend dieses alles miterlebt und die Frau Rat, die »Tante Schlosser« (in Wirklichkeit war sie die Tante meiner Großmutter) gekannt

Stift Neuburg von Westen her gesehen

und manche Stunde seiner Kindheit teils auf Stift Neuburg, teils in Frankfurt bei ihr zugebracht hatte, sie liebte und verehrte. – Immer wieder wollte ich von ihm die Anekdote hören, wie einmal bei dem Mittagessen auf Stift Neuburg ein gewaltiges Gewitter losbrach und ein zu Gast dort weilender Prälat beim ersten heftigen Donnerschlage unterm Tisch verschwand. Die Tante Schlosser, ruhig und gelassen, hob an ihrem Platz die weiße leinene Tischdecke nur ein wenig und sprach leicht vorwurfsvoll zu ihm hinunter: »Aber Herr von Saint Germain . . .« Der Angesprochene aber zog es vor, unter Verzicht auf jede weitere Mahlzeit dem Ablauf des Gewitters bis zu seinem völligen Verzuge unterm Tische beizuwohnen. – Jener gottes- und gewitterfürchtige Prälat ist aber mit dem weltbekannten Abenteurer, Magier und Alchymisten gleichen Namens nicht identisch.

Am nachhaltigsten aber berührte mich die Erzählung

meines Vaters, wie er nach einem gemeinsam auf Stift Neuburg mit Marianne von Willemer verlebten Sommer – ihrem letzten – an einem regnerischen Herbstabend in Frankfurt das »Mütterchen« in ihrer Wohnung wie früher oft besuchen ging – : da saß sie bei Kerzenlicht in ihrer Fensternische ganz in Tränen und rings um sie herum lagen die Briefe Goethes. Nicht lang darauf ist sie gestorben.

Fast mit allen namhafteren Zeitgenossen, den Freiherrn vom Stein nicht ausgenommen, stand Friedrich Schlosser in näherer oder fernerer Beziehung, und sehr viele von ihnen, nicht zuletzt auch Friedrich Schlegel, der sich mit zunehmenden Jahren immer mehr den Wiener Backhändeln zuwandte, genossen, sei es in Frankfurt, sei es auf Stift Neuburg, die Gastfreundschaft und gute Küche, sprichwörtlich gute Küche der Frau Rat.

Frau Rat Schlossers Kochbuch!

Es war bekannt in Frankfurt damals – es hat aber auch seine besondere und nicht gewöhnliche Geschichte. Vorfahren deutscher und französischer Abstammung hatten das Ihrige dazu beigesteuert, die Namen du Fay, Lutherod, selbst Frau Rat Goethe haben daran teilgenommen, und eine Fülle von Rezepten exquisiter Wiener Fastenspeisen haben es vervollkommnet. Es greift zurück bis in die Zeit des Rokoko – doch die Abteilung »Wiener Fastenspeisen« dürfte in der Hauptsache wohl hinzugekommen sein, als die hohe Geistlichkeit, die Bischöfe, Äbte und Prälaten sich auf Stift Neuburg gütlich taten. (Hier reimt die Sprache sich von selber.) Das mögen Fastenessen märchenhafter Art gewesen sein, deren Beschreibung dazu angetan ist, jedem Fastenden den Mund wässrig zu machen. Ein Menü als Probe:

Colli-Suppe von Krebsen
Schildkröten in der Schale serviert
Grüne faschierte Eier
Trüffeln mit Burgunderwein
Fricando von Rheinsalm mit Rahm
Schokoladentorte.

Aber an den gewöhnlichen Wochentagen gab es auf Stift Neuburg zum Vier-Uhr-Kaffee bei Frau Rat Schlosser immer Streuselkuchen.

Frau Rat Schlossers Kochbuch!

Ich selbst erinnere mich aus meiner frühen Kindheit noch ganz deutlich, daß oft bei Tisch die Rede darauf kam, wenn ich mit meinen Eltern meine Großmutter besuchte auf Stift Neuburg, das Frau Rat Schlosser, die kinderlos geblieben war, ihr bei ihrem Tode hinterlassen hatte. Und einmal sagte meine Großmutter bedeutsam: »Heut gibt es etwas ganz besonderes: eine Lieblingsspeise der Frau Rat Goethe.« – Natürlich aus dem Kochbuche von »Tante Schlosser«, das als ein integrierender Bestandteil von Stift Neuburg ihr zugleich mit diesem übereignet worden war. Ich entsinne mich der Speise nicht mehr im geringsten, nur daß sie allenthalben laut gepriesen wurde, was aber weiter nicht verwunderlich ist, war sie doch eine Lieblingsspeise der Frau Rat Goethe und das Rezept von ihr selbst überkommen!
Das Kochbuch selber habe ich noch deutlich im Gedächt-

Toreinfahrt zum Stift Neuburg

nis: Es war ein dicker und zerlesener Groß-Oktavband in Schweinsleder, wenn ich mich recht entsinne, mit dem Schlosserschen Ex libris vorne eingeklebt, das sich in allen Schlosserschen Büchern wiederfindet. – Von diesem Kochbuch hatte meine Großmutter schon früher für ihre Töchter und für meinen Vater durch ihre Hausdame und Gesellschafterin Abschriften, wenn auch zum Teil gekürzt, anfertigen lassen, das Original aber schenkte sie ihrer ältesten Tochter Baronin Erlanger in Nieder-Ingelheim, die ein großes Haus mit vielem Aufwand führte, so daß es dort auch weiterhin in Ansehen und Gebrauch stand. Wohin es nach dem Tode der Baronin Erlanger, die allein und hochbetagt im Jahre 1919 starb, gekommen ist, läßt sich nicht mehr verfolgen, da von ihren Erben, den Verwandten ihres Mannes, in den Folgejahren viele der hinterlassenen Kunstschätze antiquarisch teils verkauft und teils versteigert wurden. Ich bin seitdem nie mehr dahin gekommen.

Die Abschrift meines Vaters aber ging zusammen mit Stift Neuburg in der Vorkriegszeit dann auf mich über, und der Kreis von Dichtern, Malern und Gestaltern, die damals in besinnlicher und wunderbar gehobener, einmaliger Gemeinschaft wieder dort zusammenkamen, genoß und lobte – ohne um ihre Herkunft mehr zu wissen – die Gerichte aus dem Kochbuche der Frau Rat Schlosser. Stefan George und sein Kreis, Friedrich Schnack, Alfred Kubin, Karl Thylmann, Melchior Lechter, Alfred Mombert, Reiner Maria Rilke und noch viele Andere waren darunter. In einem Gedicht, das ich später im lebendigen Andenken an jene Zeit des Aufbruchs schrieb – oder war es nur das letzte wunderbare Aufleuchten einer überströmenden, betörend schönen, unwiederbringlich abgeklungenen Lebensform und -weise? – ist die damalige Atmosphäre von Stift Neuburg festgehalten:

Wo blieb das Frühlingwerden,
das rege Hier und Dort?
Der Hirt mit seinen Herden
war schon vom Hügel fort.

Die Mandelbäume blühten
den Bergeszug entlang
und Falter, die verfrühten,
verfolgten sich am Hang.

Vom alten Rundturm sahen,
wenn schräg die Sonne schien,
wir Kähne auf dem nahen
gewundnen Neckar ziehn.

Die wechselvollen Gänge
im Bergland und im Tal,
die Töne all: wer sänge
sie heute noch einmal?

Die helldurchschwärmten Nächte
bei Tanz und Fackelzug,
und dann die ungeschwächte
Sehnsucht, die Jeder trug!

So erstlich war das alles,
heut kaum mehr zu verstehn,
im Schaum des Wasserfalles
war schieres Gold zu sehn.

Doch wenn die Nebel zogen
des Abends um den Teich,
vom Waldgang kehrend, bogen
wir ein ins Gartenreich.

Man setzte sich zu Tische,
ermüdet von dem Gang,
und draußen blies der frische
Talwind den Fluß entlang.

Man lobte Trank und Speise
und fühlte sich zu Haus. –
Von jenem Freundeskreise
ging vieles Schöne aus:

Gedichte und Gesänge
von fremdem Sinn und Ton –

die langen Klostergänge,
sie wurden wach davon.

Im Büchersaal, dem blauen,
war das Gespräch erwacht,
es fing schon an zu grauen,
vorüber war die Nacht.

Das Zwielicht ging der Schwüle
des nahen Tags zuvor,
und in der frühen Kühle
sank Schlaf auf Hof und Tor.

Doch nur für kurz, denn weichen
mußt er der Sonne bald;
das erste Morgenzeichen
schlug hellen Lärm im Wald.

Obstgarten und Terrasse
empfingen uns im Brand
des Mittags – und das nasse
Moos auf dem Mauerrand.

Wie brütete die Hitze
des Sommers: Kerzengrad
geworfne Strahlen, Blitze
auf Treibhaus, Rasen, Bad.

Das Schwimmen in dem hellen
besonnten Wasser froh –:
Die Dichter und Gesellen,
sie fanden einmal so

sich flüchtig hier zusammen,
vielleicht wie früher nie –
Das mußte ja verflammen,
es war zu schön für sie!

Wie farbige Pfauenräder
zog Fest an Fest vorbei,
doch heimlich wußte Jeder,
wie flüchtig alles sei . . .

Doch wozu wiederholen,
was damals kam und ging?
Wir werden all bestohlen
um Traum und Rausch und Ring.

Nur einmal zu gestalten
war dies, um im Gebild
Vergangnes festzuhalten
als Schimmer auf dem Schild.

Dann kam der Weltkrieg, und in wenigen Jahren wurde alles anders. Der allgemeine, völlige wirtschaftliche Zusammenbruch der Nachkriegszeit zwang dann auch mich, mich von Stift Neuburg abzulösen und es in die Hände der Benediktiner, von denen es einst ausgegangen war, zurückzugeben. Das war im Jahre 1926. – Nichts in der heutigen Abtei erinnert mehr an jene farbige und reiche Welt der Dichter und ihrer Gesellen – nur die lebensgroßen Porträts von Friedrich und Sophie Schlosser hängen, von mir bewußt zurückgelassen, als gute Genien noch im Refektorium.

Das ist so lange, lange her:
Die Sterne scheinen längst nicht mehr,
die damals uns geschienen;
und auch die wilden Bienen,
an der Kapellenwand zu Haus,
verflogen sich ins Land hinaus.
Kein Moos wächst mehr auf Stein und Weg,
um alles zieht sich ein Geheg.
Nicht knarrt mehr, liegt man nächtlich wach,
die Wetterfahne auf dem Dach.
Gepflegt wird alles und betreut
von schwarzen Mönchen bei Geläut.
Nur der Akazienbaum noch neigt
sich mauerwärts, noch mehr verzweigt,
noch mehr verknorrt als dazumal,
als wir noch überm Neckartal
die Stimmen nach dem Fluß gesandt,
der unser erstes Lied gekannt,
der unser letztes Lied verlor –
Heut geht ein Fremder durch das Tor . . .

Das war ein Stück Geschichte von Stift Neuburg – und eng damit verknüpft die Tradition des Kochbuches der Frau Rat Schlosser!

Die großmütterliche Abschrift nahm ich mit in meine neue Heimat. Nicht ohne Widerstreben bin ich nun nach Jahren, angeregt von dritter Seite, darauf eingegangen, es herauszugeben. Doch ich sagte mir: warum soll nicht der Dichter auch einem Kochbuch einmal das Geleitwort schreiben, wenn es von frühester Kindheit an in seinem Leben so darinnen steht wie dieses?

Im Juli 1936 *Alexander von Bernus*

Am 23. Februar 1809 verheiratete sich der Frankfurter Patrizier Johann Friedrich Heinrich Schlosser mit der zweiten Tochter eines reichen Frankfurter Handelsherrn, Sophie Charlotte du Fay, die damals 23 Jahre alt war (geboren am 22. 12. 1786). Friedrich Schlosser ist uns als Freund Goethes bekannt, der dem Dichter wichtiges Material für die über Frankfurt handelnden Teile von Dichtung und Wahrheit zukommen ließ; er war durch seinen Bruder Johann Georg auch mit Goethe verschwägert, der 1773 Goethes Schwester Cornelia geheiratet hatte, die aber bereits am 8. 6. 1777 in Emmendingen gestorben ist. Goethe übertrug Friedrich Schlosser die Regelung seiner Erbschaftsangelegenheiten nach dem Tode seiner Mutter 1808; in Dankbarkeit dedizierte er ihm im Dezember 1810 ein Portrait von dem Maler Gerhard Kügelgen. Es bildete später das Glanzstück der Schlosser-Bernus'schen Sammlungen auf Stift Neuburg und befindet sich seit 1930 im Goethehaus in Frankfurt. Im September und Oktober 1814 weilte Goethe als Gast im Schlosser'schen Hause in Frankfurt. Kein Wunder also, wenn Bernus uns berichtet, daß man in seiner Familie Lieblingsspeisen der Frau Rat Goethe mündlich überliefern konnte, zu deren Freundeskreis die Schlossers zählten.

Bei seinem Besuch im Herbst 1814 lernte Goethe auch die (spätere) Marianne von Willemer kennen. Als Suleika im West-Östlichen Diwan sind Gedichte von ihr in die Weltliteratur eingegangen. Sie war lange Jahre regelmäßiger Gast auf dem Stift und trug sehr dazu bei, daß die Erinnerung an Goethe dort lebendig blieb.

Das Kochbuch der Frau Rat Schlosser, Urgroßmutters Kochbuch, führt mitten in die Frankfurter Gesellschaft zur Goethezeit, in der das Kulinarische einen nicht unwesentlichen Teil des Gesellschaftlichen darstellte. Von Goethe selbst wissen wir, daß er sich bis in Details seiner Hauswirtschaft annahm, teilweise selbst Gemüse zog, für den Einkauf sorgte und sich um die ausreichende Lieferung von Wein kümmerte. In der biedermeierlichen Zeit nach den Befreiungskriegen, in der die politische Restauration die Aktivität vieler erlahmte, wandte sich das gehobene Bürgertum in Deutschland den Annehmlichkeiten des privaten Lebens zu. Wir sind an einem Höhepunkt bürgerlicher Eßkultur in Deutschland.

Friedrich Schlosser hatte sich als Konvertit in den Jahren nach den Befreiungskriegen in Streitigkeiten um die Frankfurter Verfassung zugunsten der Katholischen Partei engagiert, ohne dabei Erfolg zu haben. Bedeutende Erbschaften erlaubten es ihm später, sein Leben ganz seinen Neigungen entsprechend einzurichten. Er suchte in den 20er Jahren nach dem Beispiel vieler reicher Frankfurter eine Sommerresidenz. Er fand sie 1825 in dem Stift Neuburg, das oberhalb Heidelbergs am rechten Flußufer des Neckars idyllisch gelegen ist. Das Haus voll mittelalterlicher klösterlicher Tradition (Kloster Neuburg war 1130 von Lorsch aus gegründet worden) lag in einer schon von Goethe als ideal empfundenen Landschaft. Schlosser konnte dort ein reiches Gesellschaftsleben führen, das Vertreter der Heidelberger Romantik, Brentano, Görres, die Enkel Goethes, Charles Graf von Graimberg, den Entdecker der Romantik des Heidelberger Schlosses, Friedrich Schlegel, aber auch den Freiherrn von Stein und Wilhelm von Humboldt einschloß. Goethe kannte das Stift nur von Erzählungen und wahrscheinlich den Lithographien von Ernst Fries, der mit den Nazarenern Corne-

Blick von der Kapelle des Stifts Neuburg nach Westen

lius und Overbeck, Philipp Veit und Steinle zum Kreis auf dem Stift zählte. Eine lebendige Schilderung des täglichen Lebens gibt Emilie Kellner aus dieser Zeit:
Die ausgebreitete Bekanntschaft Schlossers und ihre große Gastfreundschaft führten beständig neue Elemente ihrem geselligen Kreise zu, und daher war das Stift ein Sammelplatz der bedeutendsten Persönlichkeiten unseres Vaterlandes. Daß alle diejenigen, welche einmal das Stiftsleben gekostet hatten, gern wiederkehrten, war begreiflich, denn man fand alles dort vereinigt, was dem Leben Reiz verlieh! Wie anmutig verstanden es die geistvollen liebenswürdigen Wirte gleich anfangs jeden zu fesseln! Die vornehme und doch zwanglose Art des Tones im Schlosser'schen Hause, vereinigt mit dem großen Comfort des materiellen Lebens bei strenger Vermeidung des übertriebenen Luxus, verbunden mit Natur und Kunstgenüssen jeder Art, boten einen Aufenthalt, wie man nicht

leicht einen angenehmeren finden möchte! Dabei waren Bibliothek und Kunstschätze stets jedermann geöffnet, und die Auswahl der Unterhaltung war eine so vielseitige, daß niemals eine Stunde müßiger Langeweile über diejenigen kommen konnte, welchen der Sinn für die zu Gebote stehenden Genüsse geweckt war.
Heiterkeit und Anspruch dieser Geselligkeit zugleich spiegelt sich in einem undatierten eigenhändigen Gedicht der Sophie Schlosser:

Frau Rath heiß ich und das mit Recht
Weil Rath ich schaffe, wenn's geht schlecht;
Und jedem noch mein Rath gefällt
Weil meistens er besteht aus Geld.

Im Stift Neuburg ich offen halt'
Mein Haus für Gäste jung und alt.
Und ob schon viele eingekehrt
Blieb dennoch stets mein Haus gele-rt.

Dies Wunder hat mein Mann vollbracht
Zum Doctor wurd' er drum gemacht
Und unterm Schatten dieses Huts
Verbreiten wir viel Lieb's und Gut's.

Dieses Leben endete auch nicht, als Schlosser am 22. Januar 1851 in Frankfurt starb. Stärker als vor dem Tode ihres Mannes engagierte sich aber Sophie Schlosser in die politischen Händel der Zeit und nahm insbesondere im badischen Kirchenstreit in den 50er Jahren eine eindeutige Stellung zugunsten der Katholischen Partei ein. Jetzt waren es die Bischöfe von Freiburg, Speyer und Mainz, die regelmäßig Gäste auf dem Stift waren, im reformier-

ten Heidelberg aber nicht gern gesehen wurden, was bis zu einer gerichtlichen Auseinandersetzung wegen des Wegezolls über die Heidelberger Brücke führte. Sophie wollte auch für ihre Gäste die Freiheit vom Zoll beanspruchen, die ihrer Familie auf Grund alter Rechte zugebilligt war. Den sich daraus ergebenden Prozeß verlor sie aber.
Aus dieser Zeit haben wir das Zeugnis der Gräfin Thun, der Frau des österreichischen Präsidialgesandten Friedrich Graf von Thun und Hohenstein, die gerne über ihre Ausflüge nach Heidelberg berichtete und Sophie Schlosser »als ungewöhnlich ausgezeichnete Hausfrau« besonders schätzte. Die weltläufige Frau Rat Schlosser starb am 24. Mai 1865, 79jährig auf Stift Neuburg.
Sophie Schlosser war ohne Kinder geblieben. Ihr Besitztum gelangte 1865 an ihre Lieblingsnichte Marie, die Tochter ihres Bruder Alexander du Fay. Ihr Bild von Philipp Veit ist das wohl schönste Portrait nazarenischer Malerei, die in reicher Sammlung auf dem Stift zu sehen war. Marie du Fay hatte im Jahre 1836 Franz Bernus aus Frankfurt geheiratet, den späteren Freiherrn und Senator der Freien Stadt Frankfurt.
Seit 1887 ist sein Sohn Friedrich Alexander Freiherr von Bernus Herr auf Stift Neuburg. Nach dessen Tod übernimmt es Alexander Oskar Freiherr von Bernus im Jahre 1908. Er muß es 1926 an den Benediktinerorden verkaufen, weil die Aufwendungen dafür zu hoch werden.
Bernus selbst schildert uns seine Kindheitseindrücke, die sich um Großmutters Kochbuch ranken. Für Alexander von Bernus wurde das Stift zum prägenden Erlebnis seines Lebens. Als Vierjähriger kam er nach Heidelberg und verbrachte von da an alljährlich die Sommer auf dem Stift Neuburg, ähnlich wie es die Schlossers von Frankfurt aus getan hatten. Er nimmt die romantische Umwelt und die

Maria von Bernus-du Fay

Goethe-Erinnerungen intensiv in sich auf. Vielleicht noch verstärkt durch die Erkenntnis, daß er nicht leibliches Kind seiner Eltern, sondern angenommener Sohn einer Schwester seiner Mutter ist, empfindet er es wie ein Amt, die Tradition des Stiftes fortzusetzen. An Eichendorff und sein Prosawerk »Dichter und ihre Gesellen« anknüpfend, schart er einen Freundeskreis von Künstlern und Schriftstellern um sich, die die Jahre vor dem Ersten Weltkrieg teils in München, teils in Heidelberg verbringen. Kubin, Mombert, Schnack, Wedekind, Wolfskehl sind nur einige von ihnen; in manchmal gespannter

Alexander von Bernus

Atmosphäre sind auch George und sein Kreis mit ihm verbunden. Fast traumhaftes Glück und doch auch ein hintergründiges Wissen um seine Vergänglichkeit sind Kennzeichen der Dichtung und des Lebens dieser Jahre. Als Dichter der Nostalgie verherrlicht Bernus sie später, auch im Begleittext zu seinem Kochbuch.
Doch Bernus war kein nostalgischer Schwärmer. Wie er den finanziell notwendigen Schritt tat, Stift Neuburg aufzugeben, so wußte er auch weltmännisch sein Erbe zu verwerten. Man kann auch die Herausgabe des Kochbuchs so sehen, das er 1936 erstmals herausbrachte. In einer scherz-

haften Widmungseintragung, die er in das Exemplar seines Freundes Rolf von Hoerschelmann schrieb, der in München und Neuburg mit ihm zusammen war, lesen wir:

Einst führte man ein großes Haus
und liebte, gut zu essen; –
heut' gibt das Kochbuch man heraus
und lebt vom Absatz dessen.

Bernus wußte es hübsch mit lockeren Gedichten und Zeichnungen aus einem Wiener Kochbuch zu garnieren; das ansprechende Bändchen erlebte 1940 seine zweite und 1952 seine dritte Auflage.

Das im Besitz von Bernus erhaltene Manuskript, das 365 Seiten zählt, von denen einige unbeschrieben sind, ist nicht das Original des Kochbuches der Frau Rat Schlosser. Die uns bekannte Abschrift rührt zum größten Teil von Ottilie Knoblauch aus Stuttgart her, der langjährigen Hausdame von Bernus' Großmutter. Der Text ist mit meist brauner Tinte relativ gut lesbar, aber schlecht reproduzierbar geschrieben. Bernus selbst hat – wie sein privates Exemplar zeigt – später nicht mehr nach dem Original, sondern nach seiner eigenen Auswahl gekocht oder kochen lassen. Handschriftliche Bemerkungen von ihm lassen seine Lieblingsspeisen oder besonders für die Abendstunden geeignete Essen erkennen. Als Gesamtmotto finden wir in seinem Exemplar mit der Hand eingetragen:

»Wenn wir noch so gerne essen,
was wir eigentlich nicht sollen,
dürfen wir doch nicht vergessen,
daß wir lange leben wollen«.

Auch damit steht Bernus in der Tradition der Goethezeit und Goethes, der im März 1780 in sein Tagebuch eintrug:

Genieße mäßig Füll und Segen;
Vernunft sei überall zugegen,
wo Leben sich des Lebens freut.

Das kleine Bändchen von Bernus erscheint in neuer Ausgabe zum 100. Geburtstag von Bernus am 6. Februar 1980. Es ist ein liebenswertes Nebenwerk, das aber doch den ganzen Bernus zeigt. Aus einem wohlgehüteten Hausschatz der Goethezeit und der Romantik hat Bernus mit Kennerschaft für uns Gegenwärtige ausgewählt und ihn uns geschmackvoll aufbereitet. Wir sind alle freundlich eingeladen, an der Tafel der Frau Rath Schlosser Platz zu nehmen und mit Genuß zu speisen.

Elmar Mittler

Liste der Abbildungen

1. Sophie Charlotte Schlosser-du Fay. Foto von ca. 1860. In: Dammann (vgl. Literaturverzeichnis).
2. Stift Neuburg von Westen nach einer Zeichnung von Graimberg.
3. Toreinfahrt zum Stift Neuburg. Lithographie von Ernst Fries.
4. Blick von der Kapelle des Stiftes Neuburg nach Westen. Lithographie von Ernst Fries (Universitäts-Bibliothek Heidelberg).
5. Maria von Bernus-du Fay. Bildnis von Philipp Veit. (Städelsches Kunstinstitut.)
6. Alexander von Bernus. Bleistiftzeichnung von Karl Thylmann. 1911.

Die Küchenbilder stammen aus: Johann Albrecht Grünauer: Das vollständige und vermehrte auf die neueste Art eingerichtete Kochbuch ... Nürnberg: Lochner 1733.

Das Ex-libris des Ratsherrn, jüngeren Bürgermeister und Schöffen in Frankfurt Hieronymus Peter Schlosser (1735–1797) (des Vaters von Friedrich Schlosser), wurde aus dem Buche: Selenus, Gustav (August der Jüngere, Herzog von Braunschweig): Das Schach- oder König-Spiel. Leipzig 1617 entnommen.

Weiterführende Literatur zu Stift Neuburg und Alexander von Bernus:

Oswald Dammann: Johann Friedrich Heinrich Schlosser auf Stift Neuburg und sein Kreis. In: Neue Heidelberger Jahrbücher. N.F. 1934. S. 1–128.

Franz Anselm Schmitt: Alexander von Bernus. Dichter und Alchymist. Nürnberg 1971.

Rolf von Hoerschelmann: Hundert Jahre Stift Neuburg. In: Zeitschrift für Bücherfreunde. N.F. 20 (1928). S. 55–58.

INHALTSVERZEICHNIS

Geschichten, Sammlungen, Märchen und Abenteuer

Die Erzählungen aus den Tausendundein Nächten
Einleitung von Hugo von Hofmannsthal. Vollständige Ausgabe in zwölf Bänden. Nach dem arabischen Urtext der Calcuttaer Ausgabe aus dem Jahre 1839 übertragen von Enno Littmann. Mit farbigen Miniaturen. it 224

Manuel Gassers Köchel-Verzeichnis
Kulinarische Erinnerungen und Erfahrungen mit vielen seltenen Rezepten. Mit Illustrationen von Heinz Edelmann. Vierfarbendruck. it 96

Manuel Gasser. Das Kräuterbuch
Mit farbigen Illustrationen von Rebecca Berlinger. it 377

Manuel Gasser. Die Küche meiner Tante Mélanie
Französische Hausmannskost von anno dazumal. Mit Illustrationen von Boris von Borodine. it 192

Manuel Gasser. Spaziergang durch Italiens Küchen
Mit vierfarbigen Illustrationen von Manfred Seelow. it 391

Gebete der Menschheit
Religiöse Zeugnisse aller Zeiten und Völker. Herausgegeben von Alfonso M. di Nola. Zusammenstellung und Einleitung der deutschen Ausgabe von Ernst Wilhelm Eschmann. it 238

Gesta Romanorum. Das älteste Märchen- und Legendenbuch des christlichen Mittelalters.
Herausgegeben und eingeleitet von Hermann Hesse. it 316

Grandville. Bilder aus dem Staats- und Familienleben der Tiere
Zwei Bände. Mit einem Nachwort von Karl Riha. it 214

Wilhelm Hauff. Märchen
Band I und II. Herausgegeben von Bernhard Zeller. Mit Illustrationen von Theodor Weber, Theodor Hosemann und Ludwig Burger. it 216/217

Das kalte Herz und andere Texte der Romantik. Mit einem Essay von Manfred Frank und Illustrationen. it 330

Hexen-, Zauber- und Spukgeschichten aus dem Blocksberg
Mit Holzschnitten aus dem 17. Jahrhundert. Herausgegeben von Wolfgang Möhrig. it 402

Insel taschenbücher
Alphabetisches Verzeichnis

Scheerbart: Rakkóx der Billionär 196
Schiller: Der Geisterseher 212
Schiller – Goethe: Briefwechsel (2 Bände) 250
Schiller: Leben und Werk 226
Schlote: Geschichte vom offenen Fenster 287
Schlote: Das Elefantenbuch 78
Schlote: Fenstergeschichten 103
Schmögner: Das Drachenbuch 10
Schmögner: Ein Gruß an Dich 232
Schmögner: Das unendliche Buch 40
Schneider: Leben und Werk 318
Schopenhauer: Aphorismen zur Lebensweisheit 223
Schumacher: Ein Gang durch den Grünen Heinrich 184
Schwab: Sagen des klassischen Altertums (3 Bde.) 127
Scott: Im Auftrag des Königs 188
Sealsfield: Kajütenbuch 392
Sevigné: Briefe 395
Shakespeare: Hamlet 364
Shakespeare: Sonette 132
Shaw-Brevier 159
Sindbad der Seefahrer 90
Sonne, Mond und Sterne 170
Sophokles: Antigone 70
Sophokles: König Ödipus 15
Spyri: Heidi 351
Stendal: Die Kartause von Parma 307
Stendal: Rot und Schwarz 213
Stendal: Über die Liebe 124
Sternberger: Über Jugendstil 274
Sterne: Yoricks Reise 277
Stevenson: Die Schatzinsel 65
Stevenson: Entführt 321
Stifter: Bergkristall 438
Storm: Am Kamin 143
Storm: Der Schimmelreiter 305
Strindberg: Ein Puppenheim 282
Swift: Ein bescheidener Vorschlag 131
Swift: Gullivers Reisen 58
Taschenspielerkunst 424
Thackery: Das Buch der Snobs 372
Tillier: Mein Onkel Benjamin 219
Toepffer: Komische Bilderromane (2 Bde.) 137
Tolstoj: Anna Karenina (2 Bde.) 308
Tolstoj: Der Überfall 367
Tolstoj: Die großen Erzählungen 18
Tolstoj: Kindheit, Knabenalter, Jünglingsjahre 203
Traum der roten Kammer 292
Traxler: Es war einmal ein Mann 454
Tschechow: Die Dame mit dem Hündchen 174
Tschechow: Der Fehltritt 396
Turgenjew: Erste Liebe 257
Turgenjew: Väter und Söhne 64
Der Turm der fegenden Wolken 162
Twain: Der gestohlene weiße Elefant 403
Twain: Huckleberry Finns Abenteuer 126
Twain: Leben auf dem Mississippi 252
Twain: Tom Sawyers Abenteuer 93
Varvasovszky: Schneebärenbuch 381
Voltaire: Candide 11
Voltaire: Karl XII. 317
Voltaire: Leben und Werk 324
Voltaire: Sämtliche Romane und Erzählungen (2 Bände) 209/210
Voltaire: Zadig 121
Vom Essen und Trinken 293
Vulpius: Rinaldo Rinaldini 426
Wagner: Ausgewählte Schriften 66
Wagner: Leben und Werk 334
Wagner: Tannhäuser 378
Walser, Robert: Fritz Kochers Aufsätze 63
Walser, Robert: Liebesgeschichten 263
Das Weihnachtsbuch 46
Das Weihnachtsbuch der Lieder 157
Das Weihnachtsbuch für Kinder 156
Wie man lebt und denkt 333
Wilde: Die Erzählungen und Märchen 5
Wilde/Oski: Das Gespenst von Canterville 344
Wilde: Salome 107
Wilde: Leben und Werk 158
Wührl: Magische Spiegel 347
Der Zauberbrunnen 197
Zimmer: Yoga und Buddhismus 45
Zola: Nana 398
Zschokke: Hans Dampf in allen Gassen 443